# ABI 2024

Auf einen Blick



# Deutsch

## Niedersachsen

STARK

**Bildnachweis:**

S. 42: Edvard Munch 1895, Lithographie, Der Schrei; Welcome Library cc-by-sa 4.0


www.stark-verlag.de

# Inhalt

## Allgemeines



## Anhang

## Was erwartet mich?

Die **Prüfungsthemen des Deutschabiturs in Niedersachsen** im Jahr **2024** reichen von Georg Büchners Dramen *Woyzeck* und *Leonce und Lena* über Sprache, Denken und Wirklichkeit bis zu den Umbrüchen in der deutschsprachigen Literatur um 1900. Das vorliegende Büchlein hilft Ihnen dabei, bei diesen Themen den Überblick zu behalten. Im Inhaltsverzeichnis können Sie sehen, welche Abschnitte für das grundlegende Anforderungsniveau (gA) und welche für das erhöhte Anforderungsniveau (eA) relevant sind.

- Jede Doppelseite beginnt mit einem **Schaubild**, das ein schnelles Erfassen des Themas ermöglicht und seine zentralen Merkmale veranschaulicht. Durch die grafische Gestaltung werden Zusammenhänge auf einen Blick deutlich und sind leichter zu behalten.
- Das **Kästchen** neben den Grafiken vermittelt wissenswerte, interessante oder kuriose Zusatzinformationen zum Thema. Diese gehören sicher nicht zum Standardwissen, können aber dabei helfen, sich die abiturrelevanten Inhalte besser einzuprägen.
- Die Doppelseiten zu den **literarischen Werken** sind wie folgt aufgebaut:
  - Eine **Biografie** gibt zentrale Einblicke in die private und berufliche Welt des Autors.
  - Der Abschnitt **Inhalt** bietet eine knappe Zusammenfassung der Handlung des Werks.
  - Die Rubrik **Aufbau und Form** stellt u. a. die Struktur und die Sprache des Werks dar.
  - Unter den **Deutungsansätzen** werden die wichtigsten Lesarten erläutert.
- Vier Doppelseiten zum Thema Sprache – Denken – Wirklichkeit bieten einen **Überblick** über die **Sapir-Whorf-Hypothese**, die Diskussion um **gendergerechte Sprache** und **historische Sichtweisen auf den Zusammenhang von Sprache und Denken**.
- Der Schwerpunkt **Umbrüche in der deutschsprachigen Literatur um 1900** umfasst eine Zeit, in der Schriftstellerinnen und Schriftsteller mit innovativen formalen Mitteln und Inhalten auf die komplexer werdende Welt reagierten. Drei Doppelseiten vermitteln Wissen zum **historischen Hintergrund**, beleuchten die rasante **wirtschaftliche Entwicklung** und die **Umwälzungen in Wissenschaft und Weltbild**. In der Folge werden die literarischen **Epochen Naturalismus, Ästhetizismus und Expressionismus** sowie ihre Unterströmungen vorgestellt. Beispieltexte aus **Epik und Lyrik** verdeutlichen, dass eine eindeutige Epochenzuordnung nicht immer möglich ist.
- Im Kapitel **Allgemeines** fasst eine **Mini-Literaturgeschichte** die zentralen Epochen vom Barock bis zur Gegenwart zusammen. Außerdem stellt eine Doppelseite die wichtigsten Merkmale verschiedener **Textsorten** bzw. Untergattungen dar. Eine **Stilmittel-Übersicht** mit gut zu merkenden Beispielen rundet das Grundwissenskapitel ab.

Der STARK Verlag wünscht Ihnen mit dem Buch viel Freude und für das Abitur viel Erfolg!

# Georg Büchner

## Auf einen Blick

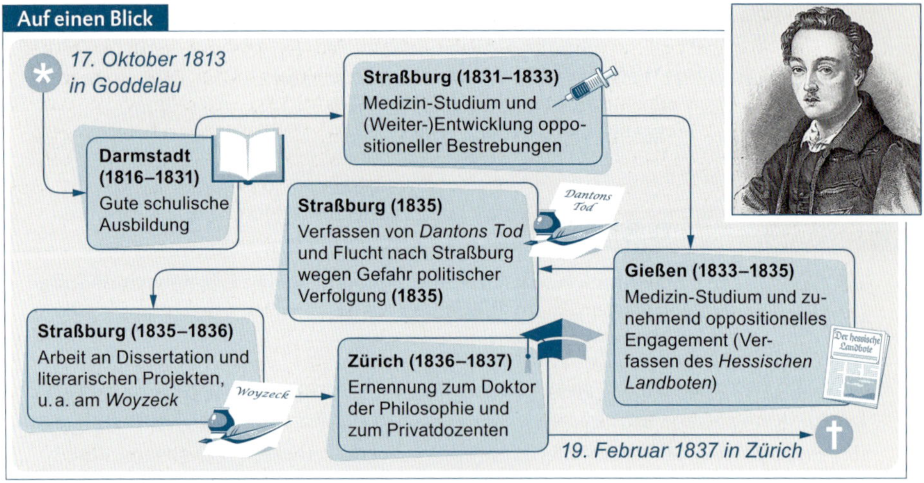


## Kindheit und Jugend in Darmstadt (1813–1831)

- Geburt am 17. Oktober 1813 in Goddelau bei Darmstadt (Hessen) als erstes von sechs Kindern
- **Vater** Ernst Karl Büchner: **Arzt** (Chirurg); **Mutter** Louise Caroline Büchner
- 1816: Umsiedelung nach **Darmstadt** wegen neuer Stelle des Vaters
- Bildung des Kindes durch frühen **Privatunterricht** der Mutter → Lesen, Schreiben, Rechnen
- 1821–1825: Besuch der gut ausgestatteten „Privat-Erziehungs- und Unterrichts-Anstalt" → **umfassender Unterricht** – u. a. verschiedene Fremdsprachen und naturkundliche Fächer
- ab 1825: Besuch des angesehenen „Pädagogiums" (Ludwig-Georgs-Gymnasium) in Darmstadt → **breit gefächerte Ausbildung**, u. a. auch in Rhetorik und Alten Sprachen
- Beförderung des **Geschichtsinteresses** u. a. durch den Vater, der aus der Zeitschrift *Unsere Zeit* vorlas, in der die Ereignisse während der Napoleonischen Kriege geschildert werden
- Lesekreis mit Mitschülern (u. a. mit Karl Minnigerode): Begeisterung für Shakespeare
- auch ansonsten **Interesse für Werke der großen Autoren** (Homer, Sophokles, Goethe etc.)
- zweimaliges Halten einer Rede bei Semesterabschlussfeiern – u. a. Begeisterung für den freiheitsliebenden Cato, der sich selbst tötete, um sich nicht Cäsar unterordnen zu müssen
- gegen Ende der Schulzeit zunehmend **Sympathie für radikale Positionen**, wie sie in der **Französischen Revolution** vertreten wurden
- 1831: **Schulabschluss** (gutes Zeugnis z. B. in Deutsch und Latein, schlechtes Zeugnis in Mathe)

## Studium in Straßburg (1831–1833)

- 1831: Beginn des **Studiums an der Medizinischen Fakultät** der **Universität Straßburg**
- Beginn der Liebe zu **Wilhelmine Jaeglé**, bei deren Vater Johann Jakob (Pfarrer) Büchner wohnt
- Lektüre sozialrevolutionärer Schriften – Entwicklung republikanisch-freiheitlicher Vorstellungen
- Dauergast bei Studentenverbindung „Eugenia": neben theologischen und studentischen auch politische Themen → Büchner mit **engagierten, obrigkeitskritischen Überzeugungen**
- Ende 1832: Verschlechterung der Stimmung bei Büchner wegen beengter Atmosphäre in Straßburg (im Vergleich zu Darmstadt)

- 1833: heimliche **Verlobung mit Wilhelmine Jaeglé**
- April 1833: Brief der Eltern über die Beteiligung einiger „Pädagogiums"-Schüler am umstürzlerischen **Frankfurter Wachensturm** → Büchners Versicherung, an solchen Aktionen nicht teilzunehmen – aber keine strikte Verurteilung von **Gewalt** als Mittel gesellschaftlicher Veränderung
- Sommer 1833: **Weggang aus Straßburg** → zunächst Aufenthalt in Darmstadt, wo einige seiner ehemaligen Mitschüler wegen des Verdachts, an politischen Unruhen beteiligt gewesen zu sein, verhaftet worden sind → u. a. Falschaussage Büchners, um einen von ihnen zu entlasten

## Studium in Gießen (1833–1835)

- 1833: Fortsetzung des **Studiums an der Medizinischen Fakultät** der **Universität Gießen**
- 1834: Bekanntschaft mit dem Schulrektor und **Oppositionellen Dr. Friedrich L. Weidig**
- Lektüre von **Werken** über die **Französische Revolution** → sogenannter „Fatalismus"-Brief an Wilhelmine, in dem Büchner einen „gräßlichen Fatalismus der Geschichte" feststellt
- Gründung der geheimen **oppositionellen „Gesellschaft der Menschenrechte"** in Gießen
- Juli 1834: Druck von Büchners Flugschrift *Der Hessische Landbote* → **Anklage der Obrigkeit** wegen **gesellschaftlicher Ungerechtigkeiten** → „Friede den Hütten! Krieg den Palästen!"
- Verhaftung Minnigerodes (Freund Büchners) wegen des Besitzes von 150 Kopien der Flugschrift
- **Durchsuchung der Wohnung und Vernehmung Büchners**
- Winter 1834/35: Aufenthalt in Darmstadt bei den Eltern → **Vorarbeiten** zu *Dantons Tod* (Buchrecherchen zur Französischen Revolution) → Januar/Februar 1835: **Niederschrift von *Dantons Tod*** unter dem Druck, das Werk schnell abzuschließen (wegen drohender Polizeiermittlung)
- März 1835: **Flucht nach Straßburg**, nachdem Büchner nicht persönlich bei einer gerichtlichen Vorladung erschienen war und fürchten musste, steckbrieflich gesucht zu werden
- vorzensierter **Vorabdruck** von *Dantons Tod* in der Zeitschrift *Phönix*

## Straßburg und Zürich (1835–1837)

- viele Verhaftungen von Freunden und Verbündeten (u. a. Friedrich Weidig)
- Übersetzungen von Dramen Victor Hugos für den Verleger Sauerländer
- **Veröffentlichung von *Dantons Tod*** in Buchform im Juli 1835, Arbeit an der Erzählung ***Lenz***
- Herbst/Winter 1835/36: Intensivierung der **Doktorarbeit** (nervliche Verbindungen bei Fischen)
- zweite Hälfte des Jahres 1836: **Arbeit an den Dramen *Woyzeck* und *Leonce und Lena***
- Promotion zum **Doktor der Philosophie** an der Universität Zürich, Umzug nach Zürich, Ernennung zum Privatdozenten – Beginn universitärer Lehre
- Tod nach schwerer Erkrankung an Typhus am 19. Februar 1837
- Lustspiel *Leonce und Lena* 1836 für einen Wettbewerb verfasst (1895 im Freilichttheater in München uraufgeführt)
- Drama *Woyzeck* erst 1879 veröffentlicht und 1913 im Residenztheater München uraufgeführt

## Werkauswahl

- Drama ***Dantons Tod*** (verf. 1835): Darstellung des von konträren Weltbildern geprägten Konflikts über die Fortführung der Französischen Revolution am Schicksal des Politikers Danton
- Novelle/Erzählung ***Lenz*** (verf. 1835): Schilderung der zunehmenden geistigen Verwirrtheit des Schriftstellers Jakob Michael Reinhold Lenz
- Flugschrift ***Der hessische Landbote*** (verf. 1834): scharfe Kritik an der Obrigkeit wegen herrschender gesellschaftlicher Ungerechtigkeiten

## Auf einen Blick

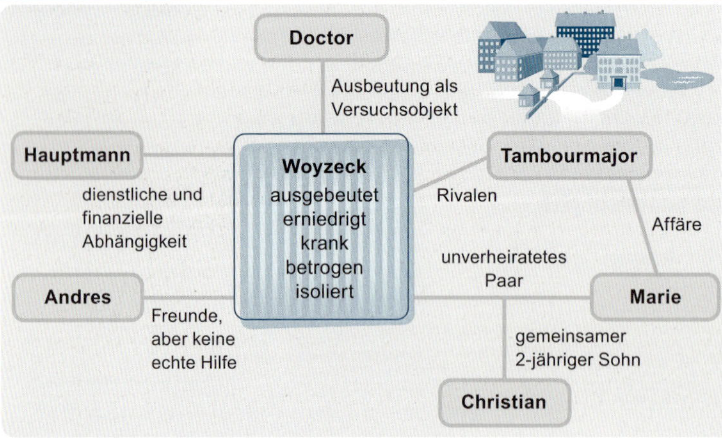


*Justus von Liebig (ein Universitätsdozent von Büchner) führte tatsächlich Erbsenexperimente mit Soldaten durch, um zu prüfen, ob teures Fleisch durch billige Hülsenfrüchte ersetzt werden kann.*

## Woyzeck, Dramenfragment mit 27 Szenen

- **1. Szene, Freies Feld. Die Stadt in der Ferne:** einfache Soldaten Woyzeck und Andres beim Schneiden von Stöcken → Woyzecks **Wahnvorstellung**, dass sie sich an einer Hinrichtungsstätte der Freimaurer befänden und der Boden unter ihnen hohl sei; Wahrnehmung von Stimmen und Zeichen am Himmel
- **2. Szene, In der Stadt:** Tambourmajor mit Militärkapelle an Maries offenem Fenster vorbei: Marie mit ihrem kleinen Jungen auf dem Arm; Streit mit der Nachbarin Margareth wegen eines Flirts mit dem attraktiven Tambourmajor; Besuch von Woyzeck an Maries Fenster: Schilderung seiner Wahnvorstellungen, zunehmende Sorge Maries um Woyzeck
- **3. Szene, Buden. Lichter. Stadt:** Woyzeck und Marie auf dem Jahrmarkt; Vortrag des Ausrufers über Tiere mit magischen Fähigkeiten und über die fließende **Grenze zwischen Mensch und Tier** → Marie im Blickfeld des Tambourmajors, gelangt mithilfe des Unteroffizier zu Tambourmajor in die erste Reihe in der Jahrmarktsbude
- **4. Szene, Maries Kammer:** Selbstbetrachten Maries im Spiegel mit den neuen Ohrringen vom Tambourmajor → Beklagen der Ungleichheit der Menschen, Feststellen ihrer eigenen Schönheit; Eintreten Woyzecks, in dem beim Anblick der Ohrringe ein **Verdacht** aufkommt; Überreichen seines Wochenlohns, Anflug von schlechtem Gewissen bei Marie
- **5. Szene, Zimmer:** Rasieren des Hauptmanns als Woyzecks Nebenverdienst: Woyzeck vom Hauptmann zur Langsamkeit ermahnt; Woyzeck sei laut Hauptmann ein guter Mensch, ihm fehle aber Moral, was sein uneheliches Kind beweise → Woyzecks Rechtfertigung mit der Liebe Gottes für alle Menschen und mit der Unmöglichkeit, als armer Mensch **moralisch** und tugendhaft leben zu können
- **6. Szene, Gasse:** intensiver Flirt und Körperkontakt zwischen Tambourmajor und Marie
- **7. Szene, Gasse:** Konfrontation zwischen Marie und Woyzeck, der die Begegnung zwischen ihr und Tambourmajor beobachtet hat → Maries abwehrende und gleichgültige Reaktion
- **8. Szene, Labor des Doctors:** Ärger des Doctors, dass Woyzeck „an die Wand gepisst“ hat, obwohl er im Rahmen einer bezahlten Erbsendiät Urinproben abgeben muss

→ Gedanken des Doctors über die **Dominanz der Willensfreiheit** des Menschen über die tierische Natur; Woyzecks Bericht über die „doppelte Natur" → begeisterter Doctor diagnostiziert eine durch das Experiment versursachte **Psychose**

- **9. Szene, Straße:** Klagen des Hauptmanns über Hektik und über seine **Melancholie** vor dem Doctor, der vernichtendes Urteil über den körperlichen Zustand und über die Lebenserwartung des Hauptmanns fällt; Erscheinen Woyzecks: Anspielungen des Hauptmanns auf die Affäre zwischen Marie und Tambourmajor → Woyzeck davon tief getroffen und verstört
- **10. Szene, Der Hof des Professors:** Woyzeck als **Anschauungsobjekt** in der Vorlesung eines Professors, der aus Erkenntnisinteresse Katze aus Fenster werfen will; Aufruf des Doctors an die Studenten, Woyzeck zu betrachten, der von vierteljähriger Erbsendiät **völlig entkräftet** ist
- **11. Szene, Wachstube:** Lärm von Musik und Tanz in der Nähe der Wachstube der Soldaten → Entschluss des misstrauischen Woyzeck, sich zu Menschenmenge zu begeben
- **12. Szene, Wirtshaus:** Marie und Tambourmajor beim gemeinsamen Tanz heimlich von Woyzeck beobachtet: **Wut** und **Eifersucht**, aber auch **Bewunderung** der Schönheit Maries; pseudophilosophische Predigt eines Handwerksburschen
- **13. Szene, Freies Feld:** Woyzeck vernimmt Stimmen im Boden und im Wind, die ihm befehlen, Marie zu erstechen
- **14. Szene, Zimmer in der Kaserne:** schlafloser Woyzeck weiterhin von Stimmen verfolgt
- **15. Szene, Wirtshaus: Protzerei** des Tambourmajors; Wortgefecht und Kampf zwischen Tambourmajor und Woyzeck → Niederlage Woyzecks, leise **Drohung**
- **16. Szene, Trödlerladen:** Kauf eines Messers durch Woyzeck
- **17. Szene, Maries Kammer:** Marie von **Schuldgefühlen** geplagt, aber außerstande und unwillig, ihr Verhalten zu ändern → Suche nach tröstlichen Geschichten in der Bibel; Klage über Woyzecks Fernbleiben
- **18. Szene, Kaserne:** Woyzeck verschenkt seine Habseligkeiten an Andres, zieht eine ernüchternde Lebensbilanz und ignoriert Andres' medizinischen Ratschlag
- **19. Szene, Vor der Haustür:** Großmutters **Anti-Märchen** über ein armes Waisenkind mit Marie und mehreren Kindern als Zuhörern; Woyzecks barsche Aufforderung an die zögerliche Marie, mit ihm nach draußen zu kommen
- **20. Szene, Freies Feld:** Wunsch der zunehmend verängstigten Marie, nach Hause zu gehen → Woyzeck ersticht Marie und flieht vor herannahenden Menschen in die Nacht
- **21. Szene, Freies Feld:** zwei Passanten als Zeugen des Mordes
- **22. Szene, Wirtshaus:** Unterhaltung des singenden und tanzenden Woyzeck mit Käthe, die aber Blutspuren an ihm entdeckt → Flucht Woyzecks vor misstrauischen Wirtshausgästen
- **23. Szene, Stadt:** Verbreitung der Nachricht unter zwei Kindern, dass die Leiche einer Frau gefunden wurde → Eilen vieler Schaulustiger zum Tatort
- **24. Szene, Freies Feld:** Rückkehr Woyzecks an den Tatort, um die zurückgelassene Tatwaffe zu suchen; spöttische Fragen an Maries Leiche → erneute Flucht vor herannahenden Menschen
- **25. Szene, Teich:** Versenken des Messers im Teich und Abwaschen der Blutflecken
- **26. Szene, Freies Feld:** Begutachtung von Maries Leiche durch eine vierköpfige Mordkommission: Freude über den „schönen" Mord
- **27. Szene, Stadt:** Woyzecks Versuch, seinen Sohn Christian zu liebkosen, der sich aber abwendet → Woyzeck bezahlt den Narren Karl dafür, seinen Sohn mitzunehmen und ihm einen Lebkuchen zu kaufen

## Auf einen Blick

*Der Georg-Büchner-Preis gilt heute als wichtigste Auszeichnung für deutschsprachige Literatur. Ob Büchner sich darüber freuen würde?*

## Aufbau und Form

- Dramenfragment *Woyzeck* als von Büchner nicht vollendetes Werk: **Szenenfolge nachträglich arrangiert** (anhand verschiedener Handschriften), keine Gliederung in Akte
- **Kürze** der Szenen = komprimierte, skizzenhafte Momentaufnahmen → **Aneinanderreihung** von Bildern
- Szenen werden ab 12. Szene kürzer, als Woyzeck Marie beim Tanzen sieht und Mordplan fasst → Handlung nimmt an **Geschwindigkeit** zu, unvermeidbares Zulaufen auf die Katastrophe
- **Zeitstruktur:** Handlung dauert ca. **48 Stunden** → äußerst gedrängte Zeitstruktur – auch aufgrund der **Simultaneität** einiger Szenen
- **Raumstruktur:** Stadt in Hessen (Dialekt!); Räume als wichtige **Bedeutungsträger:**
  - **Räume der Enge: Maries Kammer** → bedrückende Existenz, nur Kurzbesuche durch Woyzeck; Fenster als willkommene Verbindung zur Außenwelt; **Woyzecks Kaserne** → Halluzinationen, Schlaflosigkeit, Unruhe: notwendige Flucht nach draußen
  - **Räume der Öffentlichkeit:** Jahrmarkt, Gasse, Wirtshaus, freies Feld → für Marie Orte der **Freiheit** und des Vergnügens, aber auch ihres Todes → für Woyzeck Orte der **Demütigung** und **Verlorenheit**

  → Spiegelung der jeweiligen Befindlichkeit der Figur durch Räume (trotz beinahe vollständigem **Fehlen von Regieanweisungen** zum Aussehen der Schauplätze)
- *Woyzeck* galt lange Zeit als **Musterbeispiel eines offenen Dramas:** revolutionäre Aufhebung der Einheit von Ort, Zeit und Handlung (und von Stand und Sprache) → **Gegenargumente:**
  - stimmiges Gesamtgeschehen: Handlung um Woyzecks zunehmende Psychose im Zusammenspiel mit der Affäre zwischen Marie und Tambourmajor als sich **steigerndes Element**
  - **Verklammerung** der Szenen durch Motive (z. B. „Messer" und „schneiden", „heiß" und „kalt", Farben Schwarz und Rot) → bedrohliche **Atmosphäre**, **Vorausdeutung** auf Ende

## Sprache und Stil

- Zweiteilung des sprachlichen Codes in *Woyzeck* → **schichtenspezifische Sprache**
- Sprache der **Funktionsträger der gesellschaftlichen Ordnung** (Hauptmann, Doctor):
  - Benennung durch Beruf bzw. Rang: keine echten Figuren, eher **Typen**
  - Sprache als Mittel zur **Ausübung von Herrschaft** und zur Zementierung des Status quo: Lenken des Gesprächs, Erteilen von Befehlen (direktive Sprechakte), **Selbstdarstellung** (Melancholie des Hauptmanns, wissenschaftlicher Ruhm des Doctors)
  - **Hauptmann:** Hochwertbegriffe (z. B. „moralisch") als Worthülsen für eine konfuse Argumentation, die **Gutmütigkeit** vortäuscht, aber Herablassungen und **Schadenfreude** enthält
  - **Doctor:** medizinisch-philosophische Fachbegriffe (im Dienste des vermeintlichen Erkenntnisgewinns) als rhetorischer Deckmantel für **zynische Menschenverachtung** und Degradierung des Menschen zum Versuchs- und Anschauungsobjekt
  - **Vortragscharakter** ihrer Äußerungen → Ungleichgewicht der Sprechanteile
  → keine kommunikative Hinwendung zu Mitmenschen (nur Er-Anrede an Woyzeck!), **keine Anteilnahme**, Festhalten am **Jargon**
- **Sprache der armen, einfachen Leute** als Opfer der gesellschaftlichen Verhältnisse:
  - Benennung durch echte Namen: Woyzeck, Marie, Andres etc. → Individuen, **Charaktere**
  - Sprache als **Ausdruck ihrer Notlage:** knapp, direkt, umgangssprachlich
  - Ellipsen, Satzabbrüche, Interjektionen → **Authentizität**, **Ehrlichkeit** der Figuren, Ausdruck ihrer **Unbeholfenheit** und Not
  - **Dialoge:** aneinander vorbeireden statt aufeinander eingehen → **sprachliche Isolation**
  - **Woyzeck: biblisch-apokalyptische Wendungen** als Hilfe, um seine psychotischen Erfahrungen mitteilbar zu machen; oftmals grüblerisch-doppeldeutige Sprache → dennoch Fähigkeit zur klaren Formulierung (z. B. zum Verhältnis von Geld und Moral)
  - **Marie: dinghaft-konkrete Sprache** als Mittel, ihre Lage zu beschreiben („ich bin nur ein arm Weibsbild."), ihr Begehren auszudrücken („Rühr mich an!") oder Unangenehmes zu leugnen („Und wenn auch.") → Ausdruck ihrer Sehnsucht nach besserem Leben
  - **Bibelstellen, Volkslieder, Märchen:** da Ausdrucksvermögen der Figuren ungenügend, Rückgriff auf vorgeformte sprachliche Versatzstücke (die als Trost und als Sinnangebote gedacht sind) → in *Woyzeck* Betonung des pessimistischen Weltbildes (z. B. Anti-Märchen der Großmutter) oder Vorausdeutungen auf tragische Ereignisse (z. B. Märchen-Zitate des Narren)
- weitere Figuren: aufdringliche Sprache des **Ausrufers** (auf Sensationsbedürfnis des Publikums gerichtet), derb-anzügliche Sprache des **Tambourmajors** (zur Protzerei und Triebbefriedigung)

## Gattungsbestimmung und Epochenzugehörigkeit

- **Tragödie/bürgerliches Trauerspiel:** zwingendes Zulaufen auf die Schlusskatastrophe, ABER: Verstoß gegen alle Standeskriterien, da sog. vierter Stand („Proletariat") im Personal des Dramas
- *Woyzeck* als erstes **„soziales Drama":** Konflikt bedingt durch soziale Umstände (Armut, Ausbeutung, Unterdrückung), Untergang eines chancenlosen „underdog"
- **Vormärz:** Abwenden vom Idealismus der Klassik und Romantik, Hinwenden zur Realität und zur sozialen Ungerechtigkeit (im Naturalismus *Woyzeck* als Vorläufer interpretiert: soziales Elend, Determination; im Expressionismus sensibler und wahnsinniger Woyzeck als Schlüsselfigur)
- Wegbereiter der **Moderne:** Büchners psychologisches Interesse für Elend und Entfremdung, für Krisen der Identität; Innovativität der Sprache und der Dramenkonzeption von *Woyzeck*

## Auf einen Blick

*Eine Kulturzeitschrift bezeichnete Georg Büchner 2013 – in Abgrenzung vom Dichterfürsten Goethe – als „Dichter-Punk".*

**Historisch-biografisch**
- Debatte um Zurechnungsfähigkeit des historischen Woyzeck
- Büchners Erfahrungen mit Unterdrückung

**Philosophisch**
- Kritik an lebensferner Moral und am Idealismus
- Determinismus und Materialismus

**Psychologisch**
- Erniedrigung, Ausbeutung, Überlastung, Isolation
- Woyzecks Krankheit als Folge: Psychose

**Soziologisch**
- kein gesellschaftlicher Zusammenhalt
- keine Hilfe der Starken für die Schwachen
- soziale Ungerechtigkeit und ihre Folgen

→ keine Allgemeingültigkeit nur eines Deutungsansatzes, sondern immer Zusammenspiel mehrerer Lesarten

## Historisch-biografische Lesart

- **historischer Johann Christian Woyzeck** (gelernter Perückenmacher, dann Soldat und Gelegenheitsarbeiter ohne festen Wohnsitz): Ermordung seiner Geliebten Johanna Christiane Woost 1821, Enthauptung auf Leipziger Marktplatz 1824 → Diskussion über die **Zurechnungsfähigkeit von Mördern**
- Büchners Lektüre der strittigen psychiatrischen Gutachten von Dr. Clarus über Woyzeck → Drama *Woyzeck* als sein Beitrag zur zeitgenössischen Debatte
- Büchners Interesse für politische Verhältnisse und Engagement für gerechtere Gesellschaft: „Friede den Hütten, Krieg den Palästen!" *(Hessischer Landbote)* → historischer Woyzeck als „willkommenes" Beispiel für die Folgen der **Verarmung ganzer Bevölkerungsschichten** im frühen 19. Jahrhundert (sog. vorindustrieller Pauperismus)
- Büchners Erfahrungen in der Restaurationszeit als politisch Unterdrückter und Verfolgter: **fehlende Solidarität** der Höherstehenden mit den Schwächeren der Gesellschaft → keine Veränderungen oder gar Revolutionen möglich

## Psychologische Lesart

- **Woyzecks Entwicklung** vom einfachen Soldaten und unverheirateten Familienvater zum Wahnsinnigen und Mörder
- keine Hochzeit mit Marie möglich, da er als Soldat das vorgeschriebene Vermögen nicht aufbringen kann → Beziehung zu Marie gesellschaftlich **geächtet**
- wegen finanzieller Verantwortung (für Marie und ihr gemeinsames Kind) **Nebentätigkeiten** notwendig: Rasieren des Hauptmanns, Versuchsobjekt bei Doctor, Assistent bei Professor → trotz **Hetze** und **Überbelastung:** keine Befreiung aus seiner kümmerlichen Lage
- krank durch **Ernährungsexperiment** des Doctors: physische (erhöhter Puls, Zittern, Schwindelanfälle, Kopfschmerzen, Haarausfall) und psychische Symptome (Hören von Stimmen, Weltuntergangsvisionen, Verfolgungswahn) → **schwere Psychose**
- **Beleidigungen** und **Erniedrigungen** durch Hauptmann: Vorwürfe wegen unehelichem Kind, spöttische Anspielungen auf Affäre zwischen Marie und Tambourmajor

- Tambourmajor als körperlich überlegener **Rivale:** Ausspannen der Geliebten, Hohn und **Gewalt**
- durch **Maries Betrug** Verlust seines wichtigsten Halts im Leben → **Leidensdruck** wird zu groß: endgültiges Abgleiten in den Wahn, Planen und Ausführen des Mordes
- Auslöser der Mordtat: Eifersucht und Betrug → tiefere Ursachen: **entwürdigende Lebensbedingungen** eines geschundenen, deformierten und isolierten Menschen

## Philosophische Lesart

- Kritik an Theorie der **Evolution** und des Fortschritts der Zivilisation (Teleologie): Betonung der Nähe zwischen menschlichem und tierischem Verhalten („vernünftige Viehigkeit" – „viehische Vernunft") → **Blasiertheit** der Menschen bei offenkundig animalischem Verhalten
- Frage nach der Umsetzbarkeit von **Moral:** uneingeschränkte Gültigkeit für jeden Menschen (laut Hauptmann) oder Frage von Vermögen und Stellung (laut Woyzeck) → schichtenspezifische Gebundenheit von Werten
- **Determinismus:** Abhängigkeit menschlicher Handlungen von jeweiligen **Lebensumständen** → keine Möglichkeit für den Einzelnen (v. a. den Niedriggestellten), Lauf der Dinge oder eigenes Leben bewusst zu steuern oder sogar zu verbessern
- Kritik am **Idealismus:** Idee der Selbstbestimmung des Menschen → Wille und Vernunft sollen Gefühle, Bedürfnisse, Triebe beherrschen (mit überlieferter Moral als Leitfaden)
- Gefühl der moralisch-intellektuellen Überlegenheit der Idealisten (Hauptmann, Doctor): keine Akzeptanz anderer Einflüsse (Individualität, Sozialisation, Bildung, Besitz usw.) → Arroganz, Ignoranz und **Unmenschlichkeit**
- Betonung des **Materialismus:** nicht Denken und Handeln gestalten die Lebensbedingungen, sondern die Lebensbedingungen prägen das Denken und Handeln → gesellschaftliche Umstände und Besitzverhältnisse formen den Menschen

## Soziologische Lesart

- Starke helfen Schwachen nicht, Starke verachten sich gegenseitig (Hauptmann vs. Doctor), Starke schließen im Zweifel Bündnis gegen Schwache, Schwache betrügen und ermorden sich gegenseitig → **Fehlen des gesellschaftlichen Zusammenhalts**
- kein Schutz durch Hauptmann (Woyzecks Vorgesetzter!): kein Gefühl von Verantwortung für seinen Untergebenen → stattdessen **Abgrenzung nach unten** zum Erhalt der eigenen Position
- Fortführen der Experimente trotz Woyzecks offensichtlicher Krankheit → **Missachten des hippokratischen Eides**, Degradierung des Menschen zum Versuchsobjekt
- Selbstcharakterisierung Woyzecks („Wir arme Leut"/„ich bin ein armer Kerl"): **Bewusstsein des eigenen sozialen Ortes** als bedrückende Erfahrung → aber keine Wut auf den verantwortlichen „Unterdrückungsapparat", sondern auf seine Freundin Marie
- soziale Unterschiede als reine **Äußerlichkeiten** (vgl. 3. Szene: Tiere als Menschen verkleidet): Ungerechtigkeit der gesellschaftlichen Realität, willkürliche Verteilung von Privilegien und Besitz
- dysfunktionale Kommunikation und Sprachlosigkeit: gleichzeitig Symptome und Konsequenzen der **sozialen Spaltung**
- Armut mit all ihren Folgen als „Gift" für zwischenmenschliche Beziehungen und Gesellschaft
- Büchner: „Ich verachte Niemanden, am wenigsten wegen seines Verstandes oder seiner Bildung, weil es in Niemandes Gewalt liegt, kein Dummkopf oder kein Verbrecher zu werden, – weil wir durch gleiche Umstände wohl Alle gleich würden, und weil die Umstände außer uns liegen."

**Auf einen Blick**

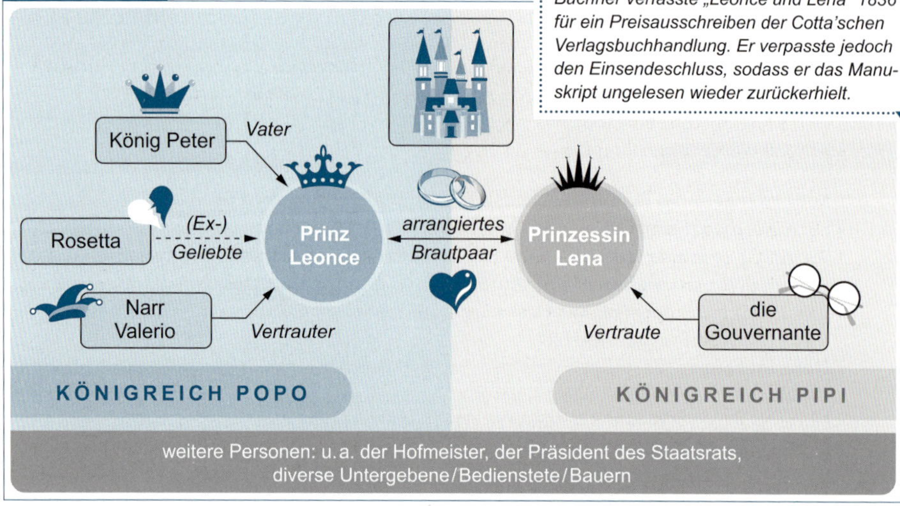


*Büchner verfasste „Leonce und Lena" 1836 für ein Preisausschreiben der Cotta'schen Verlagsbuchhandlung. Er verpasste jedoch den Einsendeschluss, sodass er das Manuskript ungelesen wieder zurückerhielt.*

## 1. Akt: Pläne für arrangierte Heirat zwischen Leonce und Lena

### 1. Szene

- Monolog von Prinz Leonce aus dem Königreich Popo: **melancholisch-gelangweilte** Stimmung
- Dialog zwischen Leonce und Narr Valerio: Vertrautheit, Ablehnung bürgerlicher Arbeitsmoral

### 2. Szene

- Ankleidezeremoniell von Leonces Vater **König Peter** aus dem Reiche Popo → zeigt ihn als absoluten Herrscher und Zentrum des höfischen Lebens ↔ **sprunghafte Gedanken** des Königs, Vergesslichkeit
- Ansprache vor dem Staatsrat: Zweifel des Königs an seiner Identität → Abbruch der Sitzung

### 3. Szene

- Schauplatz: kerzengeschmückter Saal (außergewöhnliche, gleichzeitig künstliche Atmosphäre)
- Leonce trifft seine Geliebte Rosetta
- intimer Dialog über Arbeit, Müßiggang und Langeweile → **Leonce trennt sich von Rosetta**
- Monolog von Leonce: Klage über Langeweile und Berechenbarkeit seines Lebens
- abrupter Stimmungswechsel bei Auftauchen Valerios: scherzhaft-aggressive Wortspiele mit sexuellen Anspielungen
- Auftritt des Staatsrats, der **baldige Ankunft von Leonces Braut** Prinzessin Lena von Pipi verkündet; Leonce soll nach der Heirat **Thronfolge antreten**
- Valerio führt Leonce langweilige Zukunft als König vor Augen → Leonce erwägt **Fluchtmöglichkeiten**, entscheidet sich für Reise nach Italien

### 4. Szene

- Garten im Königreich Pipi: **Prinzessin Lena** im Gespräch mit ihrer Gouvernante
- Lena ist Heiratsplan hilflos ausgeliefert → mitleidige **Gouvernante regt Flucht an**

## 2. Akt: Flucht und zufällige Begegnung von Leonce und Lena

### 1. Szene

- Leonce und Valerio sind erschöpft von ihrer langen Wanderung, nähern sich einem Wirtshaus
- Valerio: Verwunderung, weil Leonce in seiner Lage nicht Selbstmord begangen hat → Erwiderung von Leonce: **Suche nach der idealen Frau**
- Ankunft von Lena und ihrer Gouvernante beim selben **Wirtshaus**

### 2. Szene

- Leonce und Valerio im Garten des Wirtshauses
- Auftritt Gouvernante: Valerio macht grobe körperliche Anspielungen, Gouvernante kontert
- **Leonce und Lena treffen erstmals (unerkannt) aufeinander:** träumerisch-lyrischer Dialog
- Valerios Vermutung: Leonce auf dem Weg ins „Narrenhaus“ (Hinweis auf **Verliebtheit**)

### 3. Szene

- Lena und die Gouvernante auf ihrem Zimmer
- Lena charakterisiert Leonce: Wärme im Gesicht, Kälte im Herzen
- Lena **tief beeindruckt** von der kurzen Begegnung mit Leonce („Seelenverwandtschaft“)

### 4. Szene

- Begegnung von Leonce und Lena im Garten: träumerisch-flirtender Dialog
- **Leonce küsst Lena** → sie ergreift die Flucht
- Leonce glaubt, Höhepunkt seines Lebens hinter sich zu haben, will sich in den Fluss stürzen → Valerio hindert ihn am Selbstmord

## 3. Akt: Verheiratung und Entlarvung des Paars

### 1. Szene

- Leonce **beschließt Heirat** mit Lena, Überraschung Valerios (hofft auf Staatsminister-Karriere)

### 2. Szene

- **Hochzeitsvorbereitungen** vor dem Königsschloss: Untertanen sollen Spalier stehen

### 3. Szene

- Zeremonienmeister, König Peter und Staatsrat halten angestrengt **Ausschau nach dem Brautpaar**, wollen trotz des Verschwindens von Leonce und Lena an der Zeremonie festhalten
- Brautpaar erscheint **maskiert** → niemand erkennt Leonce und Lena
- Valerio stellt Brautpaar als **Automaten** vor, die Menschen perfekt nachahmen
- Freude König Peters über Ersatz für verschwundenes Brautpaar, **Trauung** der „Automaten“
- Fallenlassen der Masken → alle (inklusive Leonce und Lena) **erkennen schicksalhaften Zufall**
- Rückzug König Peters von allen Regierungsgeschäften → Übernahme der Krone durch Leonce
- Leonce schickt alle mit der Ankündigung nach Hause, Zeremonie am Folgetag zu wiederholen
- Überlegungen des neuen Königs Leonce: Was sollen sie mit der Macht anstellen?
- Lena lehnt ironisch vorgetragene Vorschläge ab → Beschluss von Leonce: Umsetzung einer **Utopie** in seinem Reich (keine Zeitrechnung, ewiger Sommer)
- Schlusswort Valerios: will als Staatsminister Arbeit unter Strafe stellen, **Nichtstun und Genuss als Normalzustand**

## Auf einen Blick

*Wegen der zahlreichen Anspielungen auf andere literarische Werke wird Büchner vorgeworfen, für „Leonce und Lena“ von anderen Autoren abgeschrieben zu haben. Angeblich habe er sich das Lustspiel in kürzester Zeit zusammenkopiert.*

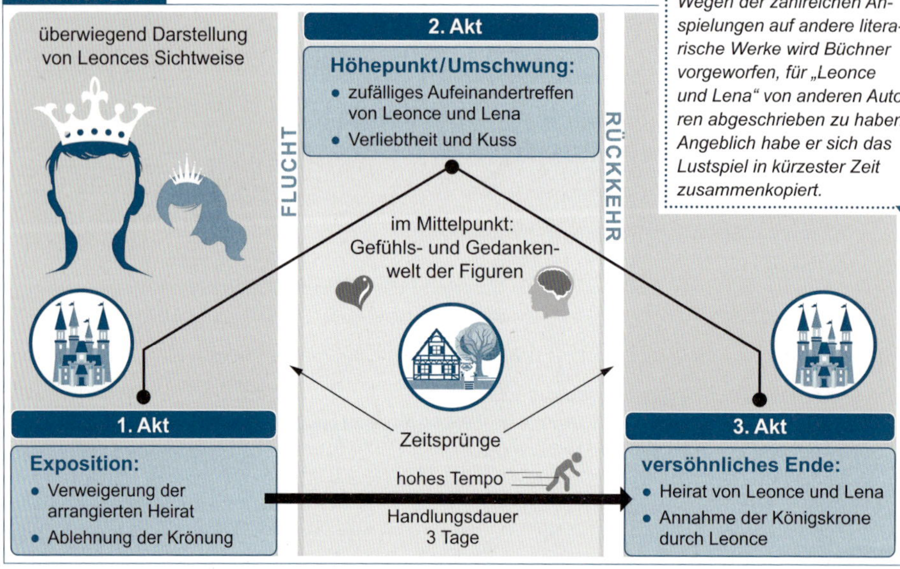


## Aufbau

- **drei Akte** (häufige Dramenstruktur im 19. Jahrhundert), jeweils mit **unvermitteltem Beginn:**
  – 1. Akt (4 Szenen): **Exposition** (Einführung zentraler Themen und Personen)
  – 2. Akt (4 Szenen): **Höhepunkt/Umschwung** (Begegnung Leonce – Lena in Dramenmitte)
  – 3. Akt (3 Szenen): **versöhnliches Ende** (kennzeichnend für Komödie)
- **symmetrische Anlage:** Schauplatz des 1. und 3. Akts hauptsächlich Hof des Reichs Popo, Schauplatz des 2. Akts: Wirtshaus → Bewegung weg vom Hof und wieder zurück (parallel zum Inhalt: Leonces Flucht und Rückkehr, Ablehnung und Annahme der Krönung)
- Zeitstruktur: **hohes Tempo**, Handlung erstreckt sich über drei Tage hinweg
- Auflösung der drei klassischen Einheiten Handlung, Ort und Zeit → **modernes offenes Drama:**
  – **mehrere Handlungsstränge** (z. B. jeweilige Vorgeschichte von Leonce und Lena)
  – **mehrere Schauplätze** (Königreich Popo und Pipi, Wirtshaus)
  – **Zeitsprünge** (Entschluss zur Flucht/Übernachtung im Wirtshaus, erster Kuss/Heirat)

## Literarische Form und Epochenbezug

- Einordnung als **Lustspiel**, aber entspricht nicht der klassischen Gattungsbestimmung (keine versöhnliche Heiterkeit) → eher Komödie (Lächerlichkeit durch Aufzeigen von Unzulänglichkeiten)
- **simple Konstruktion** der äußeren Handlung: Ideen und Gefühle der Figuren im Mittelpunkt ↔ nach starrem Schema ablaufendes offizielles Leben am Hof
- Ausgestaltung der **Gefühls- und Gedankenwelt** der Figuren als Verweis auf allgemeinmenschliche Probleme (innere Leere, Sinnsuche, Melancholie, Langeweile)
- Büchners Anschauungsmaterial: **politisches Tagesgeschehen** (unangefochtene Machtstellung der Fürsten des Deutschen Bundes, passiv zustimmendes Volk, vgl. Bauern bei *Leonce und Lena*)

- Epocheneinordnung: **Vormärz** (1815–1848), geprägt von beginnender Industrialisierung und Kritik am politischen System, bei *Leonce und Lena* Herrschaftskritik verpackt in vordergründig romantischer Komödie (Parodie) → Ironisierung der realitätsfernen Literatur der **Romantik**
- Kombination komischer Darstellungsformen:
  - **Satire:** Übertreibung (vgl. Leben am Hof, Namen *Popo* und *Pipi*), teilweise Steigerung zur **Groteske** (vgl. Darstellung König Peters)
  - **Parodie:** spöttische Verzerrung einer anderen Gattung, hier: Märchen (vgl. märchentypische Motive: Zusammenführung zweier Königskinder, Ende mit Aussicht auf Staatsutopie)
  - **Ironie:** Herstellen einer ironischen Distanz durch Verstellung (vgl. Leonces unterschiedliche Rollen zur Füllung seiner inneren Leere, z. B. Selbstinszenierung als Römer in Rosetta-Szene)
  - **Witz:** Wortspiele in Dialogen → machen offiziellen Sprachgebrauch lächerlich
- Auflehnung gegen Konventionen durch Verstoß gegen **Ständeklausel:** *Leonce und Lena* als Komödie, aber dennoch Angehörige des herrschenden Standes als Protagonisten
- zahlreiche **Anspielungen auf andere Werke**, u. a. Commedia dell'arte (italienische Stegreifkomödie), Shakespeare-Dramen (z. B. *Romeo und Julia*), Clemens Brentanos Lustspiel *Ponce de Leon*

## Sprachliche Gestaltung und Kommunikation zwischen den Figuren

- zahlreiche **Verweise auf den Tod:** Metaphern (Herzschlag als „das Picken der Totenuhr in unserer Brust", II, 2), Vergleiche („Man liegt auf dem Stroh wie ein Toter", II, 4)
- **körperlich-sexuelle Anspielungen:** z. B. „Nase oben zwischen den Halmen herausblühen zu lassen […], wenn die Bienen und Schmetterlinge sich darauf wiegen" (I, 1)
- Aufgreifen und Umwertung von **Motiven romantischer Dichtung:** „Nachtigall der Poesie" (I, 3), „Marmor[-]Leibe[r]" (I, 3), Italien-Bezüge (Italien als Fluchtziel)
- austauschbare, beliebige Gesprächsthemen → **Witzigkeit als Zweck** der Kommunikation
- Dialoge zwischen **Leonce und Valerio:**
  - dynamische Abfolge von Rede und Gegenrede → **Wortgefechte**
  - Umkreisen der immer wieder gleichen Themen → **Selbstbestätigung** durch Gespräch (ähnlich wie in Leonces Monologen), aber: Valerio nicht bloß Echo von Leonce
  - nicht Inhalte, sondern **spannungsreiche Beziehung** im Mittelpunkt: Kontrast zwischen gelangweiltem, zweifelndem Leonce und erfinderischem, spottendem Valerio
  - **Sprachwitze und Wortspiele**, z. B. Verwendung ähnlich klingender Wörter durch Valerio („Geleite" und „Geläute", I, 3) → holt abgehobenen Leonce in die Realität zurück
- Dialoge zwischen **Leonce und Lena:**
  - assoziativer Zusammenhang der Redebeiträge → **Wortgeflecht**
  - **Nebeneinander** statt Gegeneinander (gemeinsamer Text verteilt auf zwei Personen)
  - **gleiche Satzrhythmen** (z. B. Jambus) → Zeichen für Verbundenheit, Stilmittel: Chiasmus (überkreuzgestellte Wörter), Vokalismus (Zusammenspiel der 5 Vokale) → **lyrischer Klang**
- Dialoge zwischen **Leonce und Rosetta:**
  - **schneller Wortwechsel** mit Wortspielen, **kaum inhaltliche Kontraste**
  - bildreiche, poetische Sprache bei Leonce ↔ Einfachheit und Melancholie bei Rosetta → unterschiedliche Sprache und konstruiert wirkender Dialog als Zeichen für **Distanz**
- **Kommunikation am Hof:**
  - Sprache **abhängig von Stellung** der Figur am Hof, insgesamt mechanisch und störanfällig
  - **formalisierte Redeweise** ohne persönlichen Ausdruck → Untergebene als **Echo des Königs**
  - satirisches Element: König trotz Machtposition so sprachlos wie Bauern (vgl. Verwirrtheit)
  - **derbe Befehle** im Umgang mit Bauern → Lächerlichkeit der höfischen Repräsentationskultur

## Auf einen Blick

**Biografisch**
- melancholischer Humor als Ausdruck von Büchners Weltschmerz
- Schreiben als Möglichkeit, Gedanken zu äußern, die gesellschaftlichen Konventionen widersprechen

**Philosophisch**
- Fatalismus: Menschen dem Schicksal ausgeliefert
- Frage nach Umgang mit Vergänglichkeit
- Hoffnung auf Liebe als sinnstiftendes Element in sinnloser Welt

*„Leonce und Lena" ist der Außenseiter unter Büchners Werken. Am professionellen Theater wird das Stück deshalb selten aufgeführt. Bei Laienspielgruppen ist es dagegen äußerst beliebt.*

**Politisch-soziologisch**
- Entlarvung gesellschaftlicher Missstände
- Kritik an absolutistischer Herrschaft
- vorangestelltes Motto als Idealismus- und Sozialkritik

**Psychologisch**
- gegensätzliche Figurenpaare als Verweis auf Widersprüchlichkeit der Welt
- Verständnis von Langeweile als Lebensbestandteil eines jeden Menschen oder Ausdruck adliger Lebensform

→ keine Allgemeingültigkeit nur eines Deutungsansatzes, sondern immer Zusammenspiel mehrerer Lesarten

## Biografische Lesart

- **Zeitmangel** Büchners beim Schreiben des Lustspiels → Verwendung der ersten Einfälle ohne lange Überlegung → **ausgeprägte biografische Züge**
- melancholischer Humor als **Ausdruck von Büchners Weltschmerz** → Witze als Büchners Form des Umgangs mit der Härte seines Lebens
- einschneidende Erlebnisse als Gründe für Büchners Weltschmerz, u. a.:
  - Verhaftung seiner Freunde
  - Angst vor Strafverfolgung wegen Obrigkeitskritik
- Handlung entspricht Büchners eigenem Lebensgefühl: **Suche nach Zeitvertreib** angesichts der Sinnlosigkeit des Lebens, gleichzeitig Bewusstsein für Unvergänglichkeit des Weltschmerzes
- Stück für Büchner Flucht aus philisterhaftem Dasein: **ernsthafte Vorlesungen** als Privatdozent ↔ **sprachliche Derbheiten und politische Kritik** im Lustspiel

## Politisch-soziologische Lesart

- satirische Darstellung des unfähigen Königs → **Kritik an absolutistischer Herrschaft**
- Ehe für Staatswohl arrangiert, aber stattdessen **Liebesheirat** vollzogen → **Auflehnung**
- König Peter und Königreich Popo als Karikatur des Großherzogs von Hessen-Darmstadt und der deutschen Kleinstaaterei (Regierungsstil wird ins Lächerliche gezogen)
- unmündige, passiv erscheinende Bauern → Verweis auf **unterdrücktes Volk**
- Schlussutopie Valerio – Leonce:
  - Wunschbild eines auf Genuss, Müßiggang und Liebe aufgebauten Staats → Kritik an herrschenden Werten, durch Überzeichnung aber auch Lächerlichmachen romantischer Ideale
  - evtl. nur scheinbar glücklicher Ausgang des Stücks (Möglichkeit, dass sich alles in ewigem Kreislauf wiederholt) → kein Entkommen aus herrschenden Verhältnissen
- wiederkehrende Themen **Melancholie und Langeweile** → Stimmung der Jugend in den 1830er-Jahren angesichts starrer, veralteter Gesellschaftsstrukturen

- überzogene Darstellung zur Verfremdung, dadurch **Schutz vor Zensur** (Obrigkeitskritik schwer erkennbar bzw. Absicht nicht nachweisbar)
- Motto in der **Vorrede** zu *Leonce und Lena*: „Alfieri: ‚E la fama?' Gozzi: ‚E la fame?'" (dt. *Alfieri* [Tragödiendichter]: *„Und der Ruhm?"* *Gozzi* [Komödiendichter]: *„Und der Hunger?"*) → Aussage: idealistische Motive in Tragödien, materialistische Themen in Komödien (z. B. hungerndes Volk) → Stück als **Sozialkritik und Kritik an Idealismus**

## Philosophische Lesart

- Menschen nur Zufall und/oder Vorsehung ausgeliefert, können sich nicht dagegen wehren (vgl. Hochzeit von Leonce und Lena trotz Versuch, davor zu fliehen → **Fatalismus** Büchners: Mensch kann nichts gegen „ehernes Gesetz" der Geschichte ausrichten
- Automatenszene:
  - **pessimistische Auffassung von menschlicher Existenz**, v. a. Kritik an Absolutismus, der die Menschen zu gut funktionierenden Automaten degradiert
  - **Kritik an aufkommender mathematisch-naturwissenschaftlich ausgerichteter Philosophie**, die alles systematisieren und in Begriffe zwängen will → Mensch mit seinen produktiven Fähigkeiten bleibt auf der Strecke
- Frage, wer tatsächlich der **Narr** im Lustspiel ist:
  - der offizielle Hofnarr Valerio?
  - der König? → merkwürdiges Verhalten, z. B. beim Auftritt vor dem Staatsrat oder beim plangemäßen Sich-Freuen trotz Fehlen des Brautpaars
  - gelangweilte, beschäftigungslose Mitglieder der herrschenden Klasse wie Leonce? → Stück als Ausdruck von Sinnsuche
- Frage, wer eine **Maske** trägt: tatsächliche Masken für Brautpaar und Valerio bei Hochzeit, daneben Rollenspiel der Hofbediensteten (Verstecken ihrer wahren Empfindungen hinter maskenhafter Miene, z. B. Zustimmung des Präsidenten zu sämtlichen unsinnigen Aussagen des Königs)
- Frage nach **Umgang mit Vergänglichkeit** (vgl. allgegenwärtiges Todesmotiv im Lustspiel): u. a. todessehnsüchtig (Leonces Selbstmordversuch), scherzhaft (Valerio nach Verhinderung des Selbstmords), fatalistisch (Valerios Umwidmung von Wechselkleidung zu Totenhemd)
- **Hoffnung auf Liebe als Ausweg** bzw. als sinnstiftendes Element in sinnloser Welt
- **Gegensatz Zivilisation** (fremdbestimmtes Hofleben) ↔ **Natur** (freier Fluss von Gedanken und Gefühlen, z. B. Leonce und Valerio beim Müßiggang im Garten, Annäherung von Leonce und Lena im Garten)

## Psychologische Lesart

- **klare psychologische Zeichnung** der Hauptfiguren
- Gegensatzpaare in der Figurenkonstellation (z. B. steht Leonce für Melancholie, Valerio für Lebensfreude) → **Aufzeigen einer widersprüchlichen Welt**
- unterschiedliche **Liebesverhältnisse:** Leonce – Rosetta (Langeweile nach längerer Beziehung) ↔ Leonce – Lena (frische Verliebtheit)
- **Generationenkonflikt:** Leonces Verweigerungshaltung gegenüber väterlichen Plänen (Heirat, Krönung), am Ende doch (unfreiwilliges) Ausführen der väterlichen Pläne
- unterschiedliche Sichtweisen auf das Thema **Langeweile**, z. B. als:
  - Bestandteil des Lebens jedes Menschen
  - Ausdruck der Lebensform des Adels (viel Freizeit, da Erwerbsarbeit nicht notwendig)

## Auf einen Blick

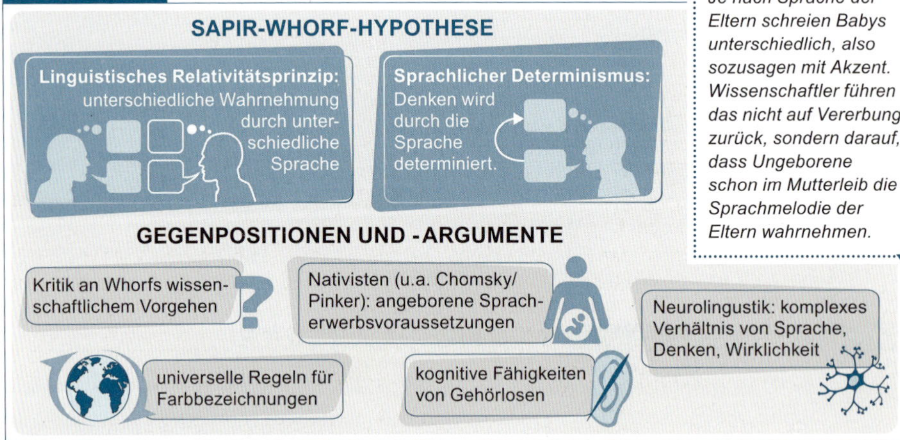


*Je nach Sprache der Eltern schreien Babys unterschiedlich, also sozusagen mit Akzent. Wissenschaftler führen das nicht auf Vererbung zurück, sondern darauf, dass Ungeborene schon im Mutterleib die Sprachmelodie der Eltern wahrnehmen.*

## Die Sapir-Whorf-Hypothese

*Bezug zur verbindlichen Lektüre: Benjamin Lee Whorf – Sprache, Denken, Wirklichkeit*

- Sapir-Whorf-Hypothese: linguistische Hypothese zum **Zusammenhang von Sprache und Denken**, entwickelt von **Benjamin Lee Whorf** (1897–1941, Ingenieur und Linguist) mit Bezügen zu **Edward Sapir** (1884–1939, Ethnologe und Linguist)
- **Linguistisches/sprachliches Relativitätsprinzip** (schwache Version der Hypothese):
  - Sprecher verschiedener Sprachen nehmen die Wirklichkeit auf verschiedene Art und Weise wahr (abhängig von Lexik/Wortschatz, Grammatik) → sprachenabhängiges Bild von der Welt
  - gleiche/ähnliche Wahrnehmung nur bei gleichen/ähnlichen linguistischen Hintergründen
- **Sprachlicher/linguistischer Determinismus** (starke Version der Hypothese):
  - Denken, Erkenntnis und Weltsicht werden von der Sprache fundamental determiniert
  - das *linguistische System* (die Grammatik) als *Schema und Anleitung für die geistige Aktivität* (Whorf) → Formung der Gedanken und der geistigen Vorstellungen durch die Sprache, d. h. die jeweilige Sprache bestimmt/limitiert, was dem Menschen zu denken möglich ist
- keine objektive Wahrnehmung und Erkenntnis möglich
- Vorstellung, dass vielsprachige Linguisten ein größeres Maß an Unparteilichkeit/Objektivität erlangen können, da sie durch die Kenntnis verschiedener Sprachen auch verschiedene Formen der Wirklichkeits-Interpretation kennen
- zwar großer Einfluss der Sprache auf das Denken, aber keine Identität von Sprache und Denken
- Sprache der **Hopi** (indigenes Volk in Arizona) als Grundlage für Whorfs **Forschung: These**, dass die Hopi-Sprache z. B. über **kein Zeitkonzept** verfügt, wie wir es kennen, und keine sprachlichen Möglichkeiten hat, um in der uns bekannten Weise über die Zeit zu sprechen (Behauptung von Whorf: keine Wörter für *gestern, heute, morgen*)
- Ausgangspunkt der Forschungen: Versuch, exotische Sprachen aufzuwerten, indem ihre Eigenheiten gezeigt werden, ohne diese als defizitär darzustellen
- heute teilweise abgeschwächte Version der Hypothese: nicht Determination des Denkens durch die Sprache, aber **Einfluss der Sprache auf das Denken**

## Vorläufer der Sapir-Whorf-Hypothese

- **Wilhelm von Humboldt** (1767–1835, Staatsmann und Gelehrter):
  - Sprache als *das bildende Organ des Gedanken[s]* (Humboldt)
  - Untrennbarkeit von intellektueller Tätigkeit und Sprache
  - jede Sprache mit einer ihr eigentümlichen Weltsicht
  - durch Erlernen einer Fremdsprache auch Kennenlernen eines neuen Weltbilds
- **Franz Boas** (1858–1942, Ethnologe und Sprachwissenschaftler):
  - Kategorisierung der Objekte der Welt über die Sprache → Gefahr, die sprachlichen Kategorien als Eigenschaften der Objekte zu sehen
  - Vertreter der These, dass Eskimos viel mehr Wörter für Schnee haben (als andere Sprachen), Zusammenfassung unter dem Oberbegriff *Schnee* für Eskimos angeblich undenkbar

## Gegenpositionen und -argumente zur Sapir-Whorf-Hypothese

*Bezug zur verbindlichen Lektüre: Dieter E. Zimmer – Wiedersehen mit Whorf. Sprache und Denken*

- Kritik richtet sich v. a. auf starke Version der Sapir-Whorf-Hypothese (Determinismus)
- **Kritik an Whorfs Forschungsthesen und -ergebnissen:**
  - **keine empirische Feldforschung** vor Ort, sondern lediglich Nutzung sekundärer Quellen
  - **Fremdartigkeit** der Hopi-Sprache gar **nicht so groß**, wie von Whorf angenommen
  - Widerlegung der These, Eskimos hätten viel mehr Wörter für Schnee als andere Sprachen
  - Whorfs Beobachtungen kein Beleg, dass Sprache das Denken bestimmt (und nicht umgekehrt)
- **Nativismus** (= Ansicht, dass bestimmte Fähigkeiten/Vorstellungen angeboren sind)
  - **Noam Chomsky** (*1928, Linguist): Annahme **angeborener Basisstrukturen**, die beim Spracherwerb aktiviert werden und mit deren Hilfe dann die Grammatik der jeweiligen Sprache erlernt wird – verschiedene Versionen der Annahme: u. a. **Universalgrammatik** → Folgerung: **Sprache dem Denken nachgeordnet** (↔ Sapir-Whorf-Hypothese)
  - **Steven Pinker** (*1954, Linguist, Kognitionswissenschaftler): Kinder besitzen „**Sprachinstinkt**" → **angeborene Denk- und Verarbeitungsstrukturen** ermöglichen Spracherwerb → Folgerung: Sprache mit **wenig Einfluss auf das Denken** (↔ Sapir-Whorf-Hypothese)
- **Neurolinguistische Modelle:**
  - komplexes Verhältnis von Wahrnehmen, Denken und Sprechen
  - **keine einseitige Determination des Denkens durch Sprache**, aber durchaus Einflüsse (z. B. auf die Erinnerungsleistung)
  - neben der Sprache noch andere Strukturen, die für das Denken wesentlich sind (z. B. Räumlichkeitskategorien, bildhafte Vorstellungen)
- Forschungen von Brent Berlin und Paul Kay – Thesen: **universelle** (d. h. angeborene) **Regeln**, in welcher Reihenfolge Farbbezeichnungen ausgebildet werden
- Widerspruch zu Whorf: **Übersetzbarkeit von Sprachen**, konkrete Begriffe (z. B. *Hand, Wasser*) in jeder Sprache vorhanden, unterschiedliche (kulturhistorisch gewachsene) Konzepte v. a. bei abstrakten Begriffen (z. B. *Geborgenheit, Aufklärung*)
- Erklärungslücke in der Sapir-Whorf-Hypothese: kognitive Fähigkeiten von (seit der Geburt) **Gehörlosen** kaum erklärbar, wenn Sprache einen fundamentalen Einfluss auf das Denken hat
- gelegentliche **Schwierigkeit, Gedanken in Worte** zu fassen, als Phänomen, das mit Whorfs starker Verknüpfung von Sprache und Denken schwer in Einklang zu bringen ist

## Auf einen Blick

**Beispiele aktueller Forschung**

**Yukatekisch:** kein verpflichtender Plural → Schwierigkeiten beim Merken von Anzahlen

**Spanisch/Japanisch:** keine Nennung des Verursachers bei unabsichtlicher Zerstörung → schlechtere Erinnerung an Verursacher

**Kuuk Thaayorre:** bei Lageangaben Himmelsrichtungen statt rechts/links → besserer Orientierungssinn

**Pirahã:** keine Zahlwörter → nur vages Mengenverständnis

*Daniel L. Everett ging 1977 nach Brasilien, um das Volk der Pirahã zu missionieren. Von den nächsten dreißig Jahren verbrachte er insgesamt sieben Jahre bei ihnen und erforschte ihre Sprache. In dieser Zeit verlor er seinen christlichen Glauben, zu dem er die Pirahã eigentlich bewegen wollte.*

**Relevanz der Hypothese in verschiedenen Kontexten**

Übersetzungsprobleme

Manipulation durch Sprache

Steuerung des Denkens über bestimmte Sprachverwendung

## Beispiele aktueller Forschung: Einflüsse der Sprache auf das Denken

*Hinweis: Die folgenden Forschungsergebnisse werden in der Wissenschaft teilweise noch diskutiert.*

- **keine Zahlwörter bei den Pirahã** im Amazonas-Gebiet (u. a. Ergebnisse von D. L. Everett):
  - **drei relative Mengen-/Massenbegriffe** (statt Zahlen): *hói* (weniger/kleiner), *hoí* (recht wenig/klein), *báagiso* (genug)
  - Schwierigkeit der Pirahã, eine gesehene Anzahl von Gegenständen wiederherzustellen
  - Probleme der erwachsenen Pirahã, rechnen zu lernen
  - → **Verarbeitung genauer Mengen** stark von **Sprache und Kultur beeinflusst**
- **Zahl- und Mengenbegriffe** des **Yukatekischen** in Mittelamerika (Ergebnisse von J. A. Lucy):
  - Yukatekisch: Sprache ohne verpflichtende Pluralbezeichnung (z. B. im Unterschied zum Deutschen, in dem es einen Individualbegriff [*Kopf*] und einen Mengenbegriff [*Köpfe*] gibt)
  - Sprecher des Yukatekischen: **weniger gute Behaltensleistung** im Vergleich zu Englischsprechern, wenn es darum geht, sich an die genaue Anzahl von Objekten zu erinnern
  - → von Wissenschaftlern als Bestätigung für linguistisches Relativitätsprinzip gewertet
- **Lage-Angaben** in der Sprache **Kuuk Thaayorre** auf einer australischen Insel (Ergebnisse von L. Boroditsky):
  - **keine vom Standpunkt des Wahrnehmenden abhängigen Lage-Begriffe** wie *rechts, links, vor, hinter*, sondern Lage-Begriffe, die auf die Himmelsrichtungen Bezug nehmen, z. B. *Das Messer liegt nördlich von der Gabel.*
  - stets Wissen der Thaayorre, wo welche Himmelsrichtung ist (sogar schon bei Kindern)
  - Strukturierung von zeitlichen Abläufen von Ost nach West (statt von links nach rechts)
  - → **Beeinflussung des Denkens durch Sprache** sogar bei solch elementaren Denkvorgängen wie der **Orientierung im Raum**
- **Verursacher-Zuschreibungen** in unterschiedlichen Sprachen (Ergebnisse von L. Boroditsky):
  - Beobachtung einer Situation, in der jemand etwas kaputt gemacht hat, durch verschiedensprachige Probanden
  - **absichtliche Zerstörung: gleiche Erinnerungsleistung** der Probanden im Hinblick darauf, wer Verursacher war

  - **versehentliche Zerstörung: schlechtere Erinnerungsleistung** der **Japanisch- und Spanisch-Sprecher** im Vergleich zu Englisch-Sprechern im Hinblick darauf, wer Verursacher war
  - Interpretation der Unterschiede: im Englischen i. d. R. grammatische **Benennung des Verursachers** (*Hans zerbrach die Vase.*), und zwar unabhängig von Absicht oder Zufall ↔ im **Japanischen** und **Spanischen** dagegen bei **unbeabsichtigtem Zerstören keine Benennung** (z. B.: *Die Vase zerbrach sich.*)

  → **grammatische Form** mit Auswirkung auf **Erinnerungsleistung**
- **Spracherwerbstheorie** von M. Tomasello: **sprachliche Interaktion** für die Entwicklung des Denkens fundamental → u. a. Vermittlung von Wissen, Einnehmen der Perspektive des anderen (z. B. bei Meinungsverschiedenheiten), Fähigkeit zur Analogie- und Metaphernbildung etc.
- Auswirkungen des **Genus auf Assoziationen:** grammatisches Geschlecht (*der/die*) beeinflusst, was verschiedensprachige Menschen mit dem Substantiv verbinden – im Deutschen: *die Brücke* (Femininum) mit Grazilität verbunden, im Spanischen *el puente* (Maskulinum) eher mit Stärke

## Relevanz der Sapir-Whorf-Hypothese in verschiedenen Kontexten

- **Schwierigkeit**, Texte in andere Sprachen zu **übersetzen**
  - Relativität der Sprachen, v. a. ihres **Wortschatzes**
  - Beispiel: keine einfache Übersetzung der Verwandtschaftsbezeichnung *Onkel* ins Mandarin (chinesische Sprache), da es dort mehrere Begriffe dafür gibt – in Abhängigkeit davon, ob es ein Onkel mütterlicher- oder väterlicherseits und ob er blutsverwandt oder angeheiratet ist
- Frage, ob das **Denken über bestimmte Sprachverwendungen gesteuert** werden kann, z. B. im Hinblick auf politisch korrekte Sprache:
  - Vermeidung von Begriffen, die durch häufige ablehnend gemeinte Verwendung einen **negativen Beiklang** erhalten haben (~~*Farbige*~~ → *People of Color*, ~~*Asylanten*~~ → *Asylsuchende*)
  - Überlegung, dass durch bewusste Sprachverwendung in sensiblen Bereichen **Diskriminierung bekämpft** werden könnte, indem Sprache auch das Denken verändert
- Möglichkeit der **Manipulation** durch Sprache:
  - starke Bedeutung von **Metaphern**, insbesondere im politischen Feld (z. B. *Flüchtlingsflut* für größere Zahl an Geflüchteten → Assoziation der Bedrohung → Angst, überrannt zu werden)
  - Wortwahl: z. B. *Terrorist* als Bezeichnung für Oppositionelle → Gefühl der Bedrohung
  - **Euphemismen:** beschönigende Begriffe (z. B. *Umsiedlung* für Vertreibung) → höhere Akzeptanz der Maßnahmen (umgekehrte Wirkung durch **Dysphemismen**)

## Überschneidungsbereiche mit anderen Wissenschaften

- **Entwicklungspsychologie:** Frage, ob angeborenes grammatisches Wissen oder eher allgemeine kognitive Denkvoraussetzungen den kindlichen Spracherwerb ermöglichen
- **Hirnforschung:** u. a. Untersuchung, welche Hirnareale durch Sprache aktiviert werden (z. B. Erkenntnis, dass Metaphern auch Hirnareale aktivieren, die mit wörtlicher Bedeutung zu tun haben)
- **Kulturwissenschaft:** Vergleich unterschiedlicher Kulturen hinsichtlich des Einflusses von Kultur und Sprache auf das Denken → Frage, inwieweit interkulturelle Verständigung davon betroffen ist
- **Fremdsprachen:** ggf. Einfluss des Zusammenhangs Sprache/Denken auf Fremdsprachenerwerb
- **Philosophie:** Bezüge zum erkenntnistheoretischen Konzept des Konstruktivismus, nach dem jeder Mensch seine eigene Wirklichkeit „konstruiert“ → Frage nach Rolle der Sprache
- **Medien-/Kommunikationswissenschaft:** Untersuchung des „Framings“ → u. a. Frage, in welcher Weise durch die mediale Sprache bestimmte Deutungsmuster aktiviert werden

**Auf einen Blick**

*Einen Zusammenhang zwischen Genus und Sexus stellte auch der Schriftsteller Mark Twain her, als er äußerte, im Deutschen habe ein Mädchen kein Geschlecht, aber eine Rübe schon.*

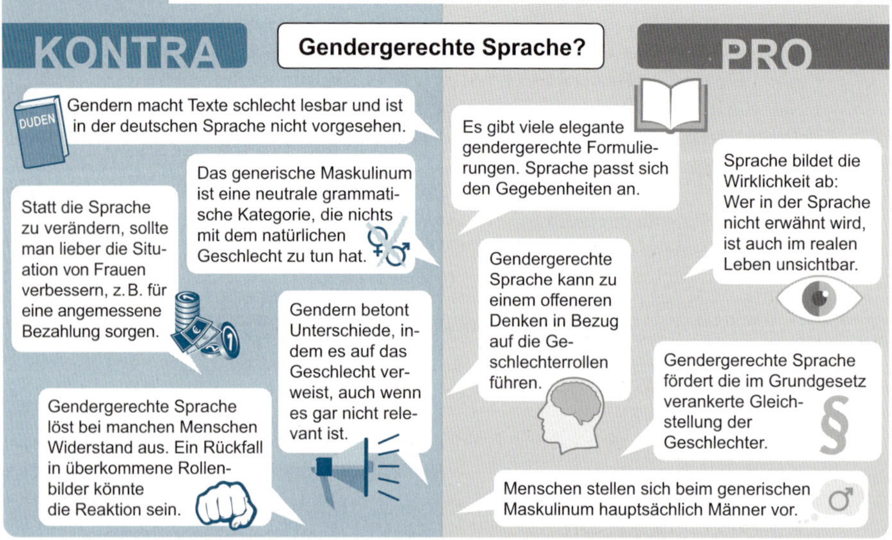


## Argumente gegen die Notwendigkeit gendergerechter Sprache

*Bezug zur verbindlichen Lektüre: Peter Eisenberg – Wenn das Genus mit dem Sexus*

- **generisches Maskulinum** als geschlechtsneutrale Bezeichnung für Personengruppen, analog zum generischen Präsens (*Gras ist grün.* → kein Zeitbezug, sondern allgemeingültige Aussage)
- Suffix (Endung) **-er unabhängig vom natürlichen Geschlecht** (vgl. Bezeichnungen für Werkzeuge, z. B. *Hammer*)
- **zusätzliches Suffix ergibt speziellere Bedeutung**
  - z. B. *Lehrer* = Person, die lehrt (geschlechtsneutral), *Lehrerin* = weibliche Person, die lehrt
  - Befürworter gendergerechter Sprache gehen von Bedeutungswechsel aus (männliche Person, die lehrt bzw. weibliche Person, die lehrt), aber: solch ein Wechsel in der deutschen Wortstruktur nicht möglich
- alle **Artikel im Plural feminin** (*die Menschen*), trotzdem auch Männer gemeint
- auf *wer, jemand* usw. folgt ein **maskulines Pronomen**, auch wenn ausschließlich Frauen gemeint sind (z. B. *Wer hat sein Make-up vergessen?*), feminine Form wäre grammatikalisch falsch
- Versuch gendergerechter Sprache führe zu **fehlerhafter Sprachverwendung:**
  - Ersatz von er-Substantiven durch Partizipien (z. B. *Lehrende*), eigentliche Bedeutung: jemand, der gerade (in diesem Moment) etwas lehrt
  - Paarformeln (*Lehrerinnen und Lehrer*): Widerspruch zur Regel, dass das kürzere Wort zuerst genannt wird, außerdem Manipulation: durch erstgenannte feminine Form erhält *Lehrer* maskuline statt generische Bedeutung
- generisches Maskulinum **unverzichtbarer Bestandteil der deutschen Sprache** (häufige, automatische Verwendung)

## Argumente für die Notwendigkeit gendergerechter Sprache

*Bezug zur verbindlichen Lektüre: Gabriele Diewald/Damaris Nübling – Genus und Sexus. Es ist kompliziert*

- **Genus** (grammatisches Geschlecht) und **Sexus** (natürliches Geschlecht): zwei **unabhängige Kategorien**, aber bei Personenbezeichnungen enger Zusammenhang
- **semantisches Geschlecht:** Sexus unabhängig vom Artikel in der Wortbedeutung enthalten (*Mutter, Onkel*), auch bei Endungen: *-er* = männlich (*Hexe – Hexer*), *-in* = weiblich (*Lehrer – Lehrerin*)
- fast alle männlichen Personenbezeichnungen maskulin (*der Mann*) und alle weiblichen feminin (*die Frau*) → Beleg für **engen Zusammenhang von Genus und Sexus**
- bei substantivierten Adjektiven (*der/die Alte*) und Partizipien (*der/die Angestellte*) zeigt nur der **Artikel** das Geschlecht an → Genus als Signal für Sexus
- wenige **Ausnahmen**, bei denen Genus und Sexus nicht übereinstimmen: Ausdruck für Nichterfüllung der Genderrolle (Schimpfwörter *das Weib, die Schwuchtel*) oder Unreife (*das Mädchen*)
- auch bei **Tierbezeichnungen** Verbindung zwischen Genus und Sexus:
  - Geschlecht von Tierfiguren in Kinderbüchern entspricht fast immer dem Genus der Tierbezeichnung (z. B. *die Biene Maja*)
  - Tierbezeichnungen mit maskulinem Artikel werden selten mit weiblichen Eigenschaften verwendet (*Der Hund ist trächtig*, stattdessen *die Hündin*)
- Genus wirkt sich auch bei der **Personifizierung unbelebter Objekte** auf das Geschlecht aus, z. B. Darstellung der Sonne als Frau und des Mondes als Mann
- **Schlussfolgerung:** maskuline Personenbezeichnungen lassen eher an Männer als an Frauen denken → **geschlechtergerechte Sprache nötig**

## Studien zu gendergerechter Sprache

- Fragen: An welches Geschlecht denken Menschen beim generischen Maskulinum? Welchen Einfluss haben geschlechtsneutrale Formen (*die Person*) oder die Nennung beider Geschlechter?
- **Untersuchungsmethoden:** Namen in Sätze eintragen, Geschichten zu Personenbezeichnungen schreiben, Geschlechterverhältnisse in bestimmten Bereichen einschätzen, Bilder zu Personenbezeichnungen malen, Personenbezeichnungen den Kategorien Mann/Frau zuordnen
- Ergebnisse:
  - **generisches Maskulinum:** Menschen stellen sich **überwiegend Männer** vor
  - ausschließlich **geschlechtsneutrale Formen:** trotzdem **vorwiegend Männer** → generell erkennbare Grundannahme: Menschen ohne näher benanntes Geschlecht sind männlich
  - verstärktes Denken an Frauen durch **Nennung beider Geschlechter**, z. B. *Schülerinnen und Schüler*, abgekürzt: *Schüler/innen, SchülerInnen, Schüler*innen, Schüler_innen* (durch * oder _ Einbezug nicht binärer Menschen)
  - neben der Sprachform großer **Einfluss des Kontextes:** z. B. Astronauten eher männlich, Erzieher eher weiblich, Männer spielen Fußball, Frauen gehen shoppen usw.
- **Beispiele für Notwendigkeit** gendergerechter Sprache:
  - Frauen bewerben sich häufiger auf Stellenanzeigen mit männlicher und weiblicher Berufsbezeichnung und werden dann auch eher als geeignet für die Stelle eingeschätzt
  - schon Grundschülerinnen trauen sich einen Beruf, ein Hobby o. Ä. eher zu, wenn beide Geschlechter genannt werden, z. B. *Kicker*innen für den Kinderfußball gesucht*

## Auf einen Blick

*Zu Herders Zeit herrschte der Glaube, dass den Menschen die Sprache von Gott gegeben worden sei. Herders Theorie vom natürlichen Ursprung der Sprache widersprach dieser Annahme und wurde deshalb als revolutionär empfunden.*

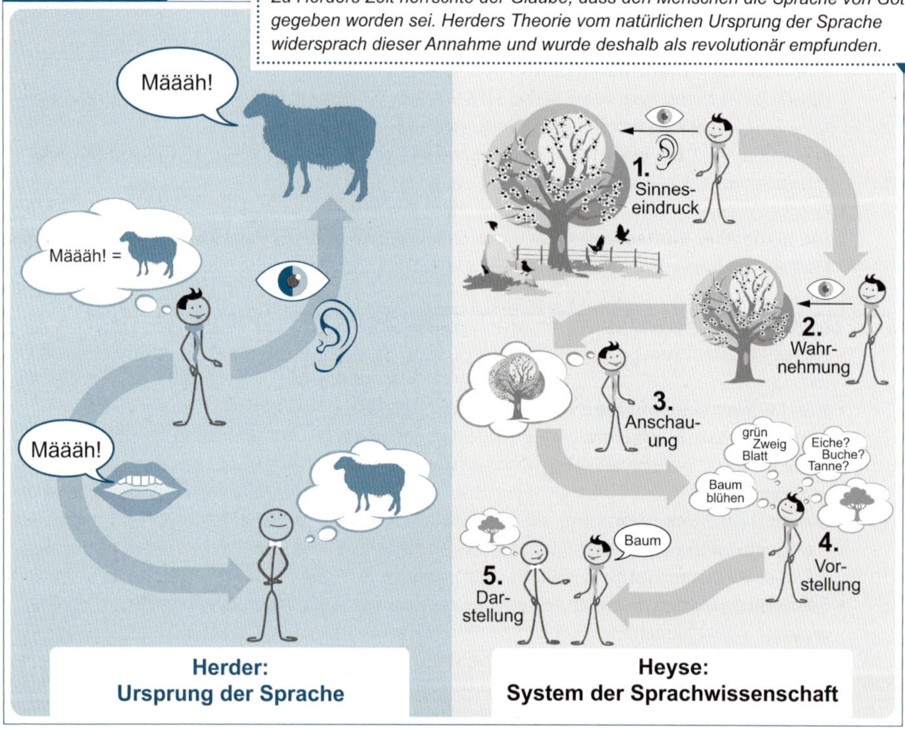


## Der Zusammenhang von Sprache und Denken bei Johann Gottfried Herder

*Bezug zur verbindlichen Lektüre: Johann Gottfried Herder – Abhandlung über den Ursprung der Sprache*

- **Johann Gottfried Herder** (1744–1803): Dichter, Theologe und Philosoph
- **philosophische These** als Ausgangspunkt: eine Art Sprache schon bei tierischen Vorfahren des Menschen (Ausdruck von Empfindungen durch Laute) → natürlicher Ursprung der Sprache
- Frage Herders: Vergleichbarkeit menschlicher Sprache und tierischer Laute? → **Unterschied zwischen Mensch und Tier** als Grundlage seiner Untersuchung
- Tiere: Beschränkung auf ein Gebiet (z. B. Spinne baut Netz) ↔ Menschen: Freiheit zum Erlernen von Fähigkeiten in vielen Bereichen → Bezeichnungen für diese menschliche Eigenschaft: **Verstand, Vernunft, Besinnung**
- Menschen nicht auf einer höheren Fähigkeitsstufe als Tiere, sondern **komplett andersartige Funktionsweise** (Vernunft vs. Kunstfertigkeit, Freiheit vs. Instinkt)
- beim Menschen **Dominanz des Willens** (bei Herder als Verstand bezeichnet) **über Triebe** → nur deshalb Vernunft möglich
- **Bewusstsein des Menschen** für seine Erkenntnisse, seinen Willen und sein Handeln

- Herders zusammenfassende Bezeichnung für die Besonderheit im Denken, die den Menschen vom Tier unterscheidet: **Besonnenheit**
- Erfindung der Sprache durch besonnenen Menschen → **Sprache und Besonnenheit als Alleinstellungsmerkmale des Menschen**
- Fähigkeit des Menschen, sich auf einen bestimmten Sinneseindruck zu konzentrieren und Unterscheidungsmerkmale von Dingen zu erkennen → **Reflexion**
- Mensch erkennt z. B. ein Schaf am Blöken und gibt dieses Kennzeichen lautlich an andere Menschen weiter → **Herders These** zum Ursprung der Sprache
- Frage: Woher stammen Wörter für Dinge, die keine Töne von sich geben? → Erklärung: **Zusammenhang aller Sinneseindrücke** durch Erinnerung an frühere Erlebnisse (z. B. bestimmter Ton lässt an eine Farbe denken) → alle Wahrnehmungen münden in Empfindungen

## Der Zusammenhang von Sprache und Denken bei Karl Wilhelm Ludwig Heyse

*Bezug zur verbindlichen Lektüre: Karl Wilhelm Ludwig Heyse – System der Sprachwissenschaft*

- **Karl Wilhelm Ludwig Heyse** (1797–1855): Altphilologe und Sprachwissenschaftler
- Sprache als **Ausdruck des Inneren** (= der Gefühlswelt) eines Menschen
- **das Äußere** (= bezeichnete Dinge) als **Bestandteil des Inneren** (nur als solcher durch Sprache wiedergegeben)
- Sprache **Ausdruck menschlicher Vorstellungen** von Dingen, nicht der äußeren Wirklichkeit
  – erkennbar in der Wendung *sich äußern* → Mitteilung der eigenen Innenwelt durch Sprache
  – **Gegenposition: Platos Nachahmungsthese** (bloße Abbildung von Objekten durch Sprache)
- Erkennen des Kontrasts zwischen Außen- und Innenwelt als **Voraussetzung für das Ich-Bewusstsein** eines jeden Menschen
- Schritte bei der Verarbeitung von Sinneseindrücken:
  – 1. Empfang eines **Sinneseindrucks** → Auslösen einer Empfindung
  – 2. Konzentration auf bestimmten Sinneseindruck → **Wahrnehmung**
  – 3. Festhalten eines inneren Gesamtbildes vom (vergangenen) Sinneseindruck → (geistige) **Anschauung**
  – 4. Zerlegung des Gesamtbildes in seine Bestandteile (Dinge, Tätigkeiten, Eigenschaften) und Abstraktion typischer Merkmale → Bildung einer **Vorstellung**, außerdem: **Unterscheidung unterschiedlicher Ausprägungen** anhand charakteristischer Merkmale
- bei häufiger Betrachtung eines bestimmten Objekts: Bildung eines Bündels von typischen Merkmalen zur schnellen Zuordnung → **Anschauungs- oder Erfahrungsbegriff**
- Wörter als Zeichen für allgemeine, gemeinsame oder gattungsbestimmende Merkmale → Sprache besteht aus **abstrakten Begriffen** (reale Welt voller Einzelheiten vs. geistige Welt mit allgemeinen Vorstellungen)
- Ausdruck der (geistigen) Vorstellung nur durch eine mit den Sinnen wahrnehmbare Äußerung (sprachliche Laute) möglich, Begründung: *geistig-sinnliche Doppelnatur* des Menschen (Erfassung der Welt mit den Sinnen, Verarbeitung der Eindrücke im Kopf)
- Übergang von der Vorstellung zur **Darstellung** durch Sprache
- Funktionen der Sprache:
  – **Bewusstmachen der eigenen Vorstellung** von der Außenwelt nur durch Darstellung möglich
  – durch diese Bewusstmachung: **dauerhafte Speicherung** der Vorstellung
  – **Mitteilung** der eigenen Vorstellungen **an andere** (gesellige Lebensweise des Menschen)

## Auf einen Blick

*Spöttisch-liebevoll nannte der Schriftsteller Robert Musil seine Heimat, die k.u.k.-Monarchie, „Kakanien“.*

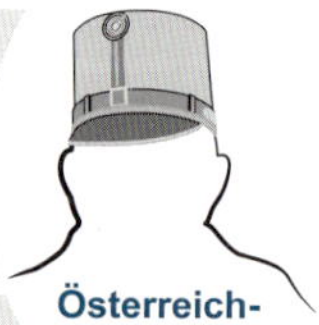

| Deutsches Reich | | Österreich-Ungarn |
|---|---|---|
| 1871 Gründung als autoritärer Obrigkeitsstaat, stärkste Macht in Mitteleuropa | **Staatsform** | über 600-jähriges Habsburgerreich; seit 1867 Doppelmonarchie (k.u.k.); Vielvölkerstaat |
| Instrumentalisieren von Feindbildern (kath. Kirche, Arbeiterbewegung) | **Innenpolitik** | nationalistische Strömungen, Rückständigkeit in Wirtschaft und Verwaltung |
| Bismarck: komplexes Bündnissystem ↔ Wilhelm II.: Flotten- und Kolonialpolitik → Konflikte, Isolation Deutschlands | **Außenpolitik** | Konzentration auf Balkan → Konflikte mit Russland, Isolation |

## Reichsgründung

- Vorantreiben des **Einigungsprozesses** durch **Preußen** (federführend: Ministerpräsident Otto von Bismarck) → **drei Einigungskriege** (Deutsch-Dänischer Krieg 1864; Deutsch-Deutscher Krieg 1866; Deutsch-Französischer Krieg 1870/71)
- 18. Januar 1871: **Gründung des deutschen Kaiserreichs** als autoritärer Macht-, Obrigkeits- und Militärstaat ohne Beteiligung des Volks (Nationalstaatsgründung „von oben“)
- Deutsches Reich als föderaler Bundesstaat und konstitutionelle Monarchie mit Kaiser als politische und militärische Spitze
- Verfassung als Balanceakt zwischen starker Monarchie und parlamentarischer Demokratie

## Innenpolitik unter Bismarck

- Bismarck: nur notgedrungenes **Sich-Arrangieren mit Parlament** → **wechselnde Bündnisse** mit einzelnen Parteien („Schaukelpolitik“), um sich Mehrheiten im Reichstag zu verschaffen
- Verwendung wechselnder Feindbilder: jeweils Kampf gegen „Reichsfeinde“

### „Kulturkampf“ (1871–1887)

= Vorgehen Bismarcks **gegen katholische Kirche und ihre politische Vertretung** (Zentrum)
→ **Zurückdrängung des geistlichen Einflusses** im Staat

- **Maßnahmen:** u. a. „**Kanzelparagraph**“ (Verbot für Geistliche, sich während der Ausübung ihres Berufs zu politischen Themen zu äußern), Schulaufsichtsgesetz, Einführung der **Zivilehe**
- ABER **Scheitern der Maßnahmen:** Vertiefung der Spaltung der Gesellschaft und Verstärkung des Zusammengehörigkeitsgefühls der Katholiken → **Beilegung des „Kulturkampfs“**

### Doppelstrategie gegen Sozialdemokratie (1878–1890)

- **Sozialistengesetz** zur **Bekämpfung des politischen Arms der Arbeiterbewegung:** Verbot sozialistischer Parteien, Vereinigungen, Versammlungen und Druckschriften

- Verbesserung der Lage der Arbeiter mithilfe der staatlichen **Sozialgesetzgebung**, um Arbeiter mit Staat zu versöhnen und von politischen Forderungen abzubringen: **Krankenversicherung** (1883), **Unfallversicherung** (1884), **Alters- und Invaliditätsversicherung** (1889) → ABER **Scheitern der Maßnahmen** und **Stärkung der Sozialdemokratie**

## Außenpolitik des Kaiserreichs

- **Ausgangslage:** Aufstieg des Deutschen Reichs zur stärksten Macht in Mitteleuropa → Misstrauen der anderen europäischen Großmächte
- Festhalten Bismarcks am **Status quo:** Deutschland territorial „**saturiert**“
- Hauptziel: **Isolierung Frankreichs**, um Revanche und Gefahr eines Zweifrontenkriegs auszuschließen → **komplexes Bündnissystem**
- 1890: **Rücktritt Bismarcks** → „persönliches Regiment“ Wilhelms II. und „**Neuer Kurs**“ in der Außenpolitik → Unberechenbarkeit für andere Mächte
- 1897: Wunsch nach „Weltgeltung“ und Forderung nach einem „**Platz an der Sonne**“ (Reichskanzler Bülow) für Deutschland → Teilnahme des Kaiserreichs am „Wettlauf um Afrika“ im Rahmen des **Imperialismus** → Beginn einer ehrgeizigen **Flotten- und Kolonialpolitik**
- **außenpolitische Konflikte:** Marokkokrisen (1905/06, 1911), Balkankrisen (1908/09, 1912, 1913)
- **Julikrise 1914:** Ermordung des österreichischen Thronfolgers Franz Ferdinand in Sarajevo am 28. Juni 1914 → Eskalation des Konflikts zum **Ersten Weltkrieg** (1914–1918)

## Imperialismus

- **Zeitalter des Imperialismus** von 1880–1914: Intensivierung der europäischen Expansion und Wettlauf der europäischen Mächte um Kolonialbesitz in Afrika und Asien
- Sicherung der kolonialen Herrschaft durch militärische, wirtschaftliche und technologische Überlegenheit der Industriestaaten → Ausbeutung, teils Vernichtung der kolonialisierten Völker
- für Deutsches Reich insgesamt **geringe wirtschaftliche Bedeutung** der Kolonien, aber **Prestige-Objekt der politischen Führung**

## Österreich-Ungarn

- ab 1867 Donaumonarchie als **Staatenverband** von Österreich und Ungarn unter **Kaiser Franz Joseph I.:** k.u.k.-Monarchie (= kaiserlich und königlich)
- gewaltige Dimensionen des Habsburgerreichs: **Vielvölkerstaat** mit ca. 53 Mio. Einwohnern, über zehn Sprachen, allen europäischen Religionen; Wien und Budapest als Hauptstädte
- expansive Balkanpolitik → Gegnerschaft zu Russland, **außenpolitische Isolation**
- ungelöste Probleme:
  - Gefährdung des Zusammenhalts durch **nationalistische Strömungen:** Wunsch der Minderheiten (u. a. Tschechen, Slowaken, Polen) nach einem eigenen Nationalstaat, Abkehr von der übernationalen Reichsidee → Unruhen und Proteste gegen deutsch-österreichische Dominanz
  - **wirtschaftliche Rückständigkeit:** Vorherrschaft der Landwirtschaft, wenige Industriezentren
  - **schwerfällige Verwaltung** des Riesenreichs; fehlende Reformen
- **Lage der Juden:** starke Bindung an Kaiser, deutsche Kultur, aber Begründung des Zionismus (Wunsch nach jüdischem Nationalstaat in Palästina) als Reaktion auf erstarkenden Antisemitismus
- **wirtschaftliche und kulturelle Blüte Wiens** („Wiener Moderne“) um 1900:
  - Entwicklungen in **Wissenschaften** (Medizin, Psychologie, Philosophie, Rechtslehre) und **Künsten** (Literatur, bildende Kunst, Musik, Theater, Architektur)
  - Zirkel und **Gesprächsrunden von Intellektuellen** (oft in Kaffeehäusern)

## Auf einen Blick

*Dem arbeitslosen Exhäftling Wilhelm Voigt gelang es 1906, mithilfe einer gekauften Hauptmannsuniform Soldaten zu rekrutieren und die Stadtkasse von Köpenick zu beschlagnahmen. Der Vorfall entlarvte Militarismus und blinden Obrigkeitsgehorsam im Kaiserreich.*

**veränderte Arbeitsbedingungen**

- Unterwerfung unter Arbeitsrhythmus und Arbeitstempo der Maschinen
- inhumane, lange Arbeitszeiten
- Lärm, Schmutz, Licht- und Luftmangel
- niedriges Lohnniveau sowie Frauen- und Kinderarbeit
- strenge Arbeitsdisziplin
- geringer Arbeitsschutz

**veränderte Lebensbedingungen**

- „Landflucht" und Urbanisierung → Entstehung von Elendsquartieren in den Städten
- katastrophale Wohnbedingungen in „Mietskasernen" mit schlechten Hygieneverhältnissen
- Ausbau der städtischen Infrastruktur:
  - Straßennetz
  - Kanalisation und Kläranlagen
  - Wasser-, Gas- und Stromversorgung
- moderne Stadtkultur → Modernisierungskrise
- Massenkultur und Konsumgesellschaft

## Zweite Industrielle Revolution

- **zweite Phase der Industrialisierung** (ca. 1870–1914) mit bahnbrechenden Neuerungen auf technischem und naturwissenschaftlichem Gebiet
- **Technisierung und Mechanisierung** der Produktion → Beschleunigung des Übergangs Deutschlands von einer Agrargesellschaft zum **Industriestaat**
- rasant wachsende Industrie mit **neuen Leitsektoren** (chemische Industrie, Elektroindustrie, Maschinenbau, optische Industrie) → Globalisierung des Handels
- **Entstehung** einer marktbedingten Klasse (Max Weber) → Industriearbeiterschaft („**Proletariat**")
- Überproduktion, Börsenspekulationen → **Gründerkrise** (1873), ab 1894 Wiederaufschwung

## Soziale Frage

### Arbeitsbedingungen

- hohes Arbeitstempo der Maschinen, strenge Arbeitsdisziplin, lange Arbeitszeiten, gesundheitsschädliche Tätigkeiten und Arbeitsumgebung
- **abhängige Lohnarbeit:** Überangebot an Arbeitskräften → **niedrige Löhne**, die oft nicht zur Ernährung der Familie ausreichen → **Frauen- und Kinderarbeit**

### Wohnverhältnisse

- Entstehung dicht mit Mietshäusern („**Mietskasernen**") bebauter Stadtviertel in Fabriknähe, um steigende Zahl der Arbeiter unterzubringen → **katastrophale Wohnbedingungen:**
  - Zusammenleben auf engstem Raum mit oft nur einem Zimmer für die ganze Familie und „Schlafgängern" als Untermietern
  - häufig keine Toiletten und nur unzureichende Beheizung → feuchte und schimmelige Räume → **katastrophale hygienische Verhältnisse** → Ausbreitung von Seuchen (Cholera, Typhus)

**Reaktionen auf die Soziale Frage**

- Lösungsansätze von Unternehmern, Kirchen
- **Arbeiterbewegung** = Oberbegriff für die organisierten Bestrebungen der abhängigen Lohnarbeiter, ihre wirtschaftliche und soziale Lage zu verbessern und politischen Einfluss zu erlangen
  - Gründung von Genossenschaften und Gewerkschaften
  - Sozialdemokratie: Parteigründungen; **Sozialdemokratische Partei Deutschlands (SPD)** als politische Vertretung der Arbeiterschaft
- **staatliche Sozialgesetzgebung**

## Lebensbedingungen

- **Verbesserung der medizinischen Versorgung** als eine Folge des industriellen Fortschritts → sinkende Sterblichkeitsrate und steigende Geburtenrate → **Verjüngung der** deutschen **Bevölkerung** → Entstehung einer Jugendbewegung
- **Binnenwanderung** vom Land in städtische Industriezentren (Hauptziele: industrielle Zentren in Mittel- und Südwestdeutschland, Großraum Berlin, Ruhrgebiet) = „**Landflucht**"
- **Urbanisierung:** Anwachsen der Einwohnerzahl und Veränderung des städtischen Zusammenlebens
- **soziale Segregation:** Leben der verschiedenen Bevölkerungsschichten in voneinander abgetrennten Stadtvierteln mit unterschiedlicher Wohnqualität
- Schaffung einer **städtischen Infrastruktur:**
  - Auf- und Ausbau des **Straßennetzes** sowie des öffentlichen Nahverkehrs
  - Entstehung von **Kanalisation und Kläranlagen**
  - flächendeckende Versorgung mit Wasser, Gas und Strom
  - Entstehung von Schulen, Universitäten, Polizeistationen und sozialen Fürsorgeeinrichtungen (Armen- und Krankenhäuser)
  - kulturelle Infrastruktur: Bau von Theatern, Opernhäusern und Bibliotheken
- Entwicklung einer **modernen Stadtkultur** mit Individualisierung, Mobilität, der Erfindung von Freizeit und zunehmender Bedeutung materieller Werte → **Modernisierungskrise** wegen Überforderung der Menschen durch Dynamik, Sittenverfall und Traditionsabkehr der Großstadt
- in Kleinstädten und auf dem Land **teilweise Festhalten an traditionell-konservativen Lebensentwürfen** → Abwehrhaltung gegenüber der Moderne

## Nationalismus, Militarismus und Antisemitismus

- Unterordnung des Einzelnen unter die Nation → **Nationalismus als „politische Religion": Untertanenmentalität**
- Aufkommen des **Chauvinismus:** absolute Vorrangstellung der eigenen Nation → Forderung nach rücksichtsloser Durchsetzung nationaler Interessen
- Rechtfertigung einer ausbeuterischen Kolonialpolitik durch **Sozialdarwinismus, Rassismus und Chauvinismus:** Recht des Stärkeren anstelle des traditionellen Völkerrechts
- preußisch-deutscher **Militarismus:** Beeinflussung des Alltags durch soldatische Wertvorstellungen (Disziplin, Befehlston, hierarchisches Denken, Krieg als Mittel der Konfliktlösung), hohes Sozialprestige des Offizierskorps („Staat im Staat")
- Verbreitung eines **politischen Antisemitismus** mit zunehmend **rassistischen Zügen:** Juden als Sündenböcke bei Konjunktureinbrüchen, Entstehung antijüdischer Parteien

## Auf einen Blick

*„Wer von seinem Tag nicht zwei Drittel für sich selbst hat, ist ein Sklave.“ – Nietzsches radikaler Logik zufolge würden wir wohl alle zu den von ihm verachteten Sklaven gehören.*

**Materialistische Philosophie Feuerbachs:**
Gott nur Projektion des Menschen

**Nihilismus Nietzsches:**
Sinnlosigkeit des Lebens, Forderung nach Umwertung aller Werte

**Psychoanalyse Freuds:**
Mensch im Spannungsfeld von unbewussten Trieben und Gewissen; Bedeutung des Sexualtriebs

**Naturwissenschaftliche Theorien:**
Infragestellen der göttlichen Schöpfung sowie der Kategorien Raum und Zeit

## Feuerbach und die Religionskritik

- Ludwig Feuerbach (1804–1872): Privatgelehrter, der als Vater der Religionskritik gilt
- **anthropogene Philosophie:** Ausgehen vom Menschen und seiner Realität → Leugnen jeder Metaphysik, Orientierung an sinnlich wahrnehmbarer Natur = **Materialismus**
  - menschliches Bedürfnis nach Glückseligkeit → Hoffnung auf gütigen Gott
  - ABER: **Gott als Wunschvorstellung**, bei der der Mensch sein eigenes Wesen idealisiere und dann auf ein erfundenes, äußeres Wesen projiziere
- **Forderung nach Überwindung des Christentums**

## Nietzsche und der Nihilismus

- Friedrich Nietzsche (1844–1900): Philologe und Philosoph, der aber kein systematisches Philosophiegebäude entwickelte; große Wirkung auf Denker und Künstler
- radikales **Infragestellen von Kirche, Metaphysik und Moral**
- Anklage des gegenwärtigen Zustands von Europa:
  - **Kritik am Christentum:** durch Vertröstung auf Jenseits und Moral der Schwachen werde Einzelner an Entfaltung seiner Kräfte gehindert
  - **Unterdrückung der menschlichen Triebe** → Krankheit (schlechtes Gewissen als Symptom)
- Forderung nach Überwindung dieses Zustands mithilfe des **Nihilismus**
  - Welt als sinnlose **ewige Wiederkehr des Immergleichen** → es gebe weder Wahrheit noch eine absolute Moral noch Gott („Gott ist tot“)
  - Einsicht des freien Geists in diese Grundbedingung → Abwendung von Glauben und Moral → **„Umwertung aller Werte“**: neue, vom Menschen selbst gesetzte Werte, freie **Selbstentfaltung** (Durchsetzung des Stärkeren, Kraft, Lebensfreude)
- Forderung nach dem **„Übermenschen“:** Lebensbejahung und „Wille zur Macht“ → Hinnahme der Sinnlosigkeit der Welt, aber eigene Sinnstiftung → Überwindung des Nihilismus

## Psychoanalyse von Sigmund Freud

- Sigmund Freud (1856–1939): österreichischer Nervenarzt und Begründer der Psychoanalyse
- Darstellung des **psychischen Apparats** = **Strukturmodell** der menschlichen Psyche:
  - **ES:** Ort der **Triebe** (z. B. Sexualtrieb) und **Affekte** → Lustprinzip: Streben nach unmittelbarer Bedürfnisbefriedigung („Ich will!")
  - **ICH:** Ort des bewussten **Wahrnehmens und Denkens** → Realitätsprinzip: Kontrolle sowie Vermittlung zwischen Bedürfnissen des ES und den Ansprüchen des ÜBER-ICH
  - **ÜBER-ICH:** Ort der **sozialen Normen und Werte**, der Moral und des **Gewissens**, geprägt durch Eltern und Gesellschaft → Moralitätsprinzip: Forderung nach Einhaltung moralischer Ansprüche; Gegenkraft zum ES („Du sollst!")

  → Erkenntnis, „daß das Ich nicht Herr sei in seinem eigenen Haus": Einfluss von ES und ÜBER-ICH auf Denken und Handeln → Frage nach der Willensfreiheit
- ES als Teil des **Unbewussten**, dessen Inhalte dem Bewusstsein nicht direkt zugänglich sind → Annäherung durch **Traumdeutung, freies Assoziieren**
- **psychische Abwehrmechanismen** (wie z. B. Verdrängung): Konflikte zwischen ÜBER-ICH und ES bewältigen → mögliche Quelle psychischer Erkrankungen
- Untersuchung der **Libido:** nach Freud die Energie, die mit dem Sexualtrieb einhergeht

## Weitere wissenschaftliche Theorien

- **Philosophie Ernst Machs:**
  - für den Wahrnehmenden zerfallen Realität und Selbst in unzählige Elemente → Wahrnehmung als Strom von Eindrücken und Empfindungen
  - Ich keine fest umgrenzte Instanz → „Das Ich ist unrettbar."
- **Relativitätstheorie Albert Einsteins (1905):**
  - **Raum und Zeit** keine absoluten, sondern **dynamische Größen** in einer gekrümmten, vierdimensionalen Raumzeit → kein absolutes Bezugssystem
  - Revolutionierung der Vorstellung von Welt, Raum, Zeit und Materie
- **Evolutionstheorie von Charles Darwin:**
  - *Die Entstehung der Arten* (1859) → **Mensch nicht mehr als Krone der Schöpfung**, sondern als Ergebnis einer Entwicklung, die auf eine bessere Angepasstheit an die Umwelt abzielt
  - **natürliche Auslese** (*survival of the fittest*) als Grundlage für Weiterentwicklung
- **Soziologie als neue Wissenschaft:**
  - Forschungen Georg Simmels zu **Auswirkungen des Stadterlebens**
  - Stadt als Ort der **Reizüberflutung und Isolation** des Einzelnen → Bedrohung durch Entfremdung und Ich-Dissoziation

## Auswirkungen

- **Infragestellen alter Sicherheiten** und vermeintlicher Wahrheiten durch die Wissenschaft
- säkulare Weltdeutungen → **Bedeutungsverlust von Glauben** und Religion
- **Identität und Ich keine festen Kategorien mehr**
- Analyse der bis dahin tabuisierten **Sexualität**
- **Verunsicherung, Orientierungslosigkeit, Krisengefühl**

# Umbrüche in der Literatur um 1900

## Auf einen Blick

Menschenbild des Naturalismus

↓

Poetik des Naturalismus

Determinierung des Menschen durch *Erbanlagen*, *Umfeld* und *Zeitumstände*

**„Kunst = Natur – x" (Arno Holz)**

mathematische Formel: naturwissenschaftliche Methoden bei Darstellung

↓

neue Techniken: Sekundenstil (Prosa); Regieanweisungen (Drama)

Anspruch der Kunst: möglichst unmittelbare, unverfälschte Wiedergabe der Realität

↓

neue Inhalte: Darstellen von Elend, Krankheit, Armut, Alkoholismus

**Gesellschaftskritik**

*Kaiser Wilhelm II. polterte, dass wahre Kunst „erheben" müsse und nicht „in den Rinnstein (= die Gosse) niedersteigen" dürfe. Er verabscheute die naturalistische Dichtung.*

## Allgemeines

- Zeitraum: ca. **1880 –1900**
- Teil einer **europaweiten Epoche**, Einflüsse aus:
  - Frankreich (Émile Zola)
  - Skandinavien (August Strindberg, Henrik Ibsen)
  - Russland (Fjodor Michailowitsch Dostojewski)
- deutsche Zentren: Berlin und München

## Poetik

- Naturalisten empfanden ihre Kunst als **„Revolution der Literatur":**
  - Forderung nach einer Kunst auf dem **Boden der Wirklichkeit** und als Ausdruck des Zeitgeists
  - bewusster Bruch mit Lesegewohnheiten
- Jugendbewegung mit **sozialkritischer und antibürgerlicher Ausrichtung:** Reaktion auf Verelendung des Proletariats → Ziel: Verbesserung der Verhältnisse
- geistige Grundlagen:
  - **Positivismus** (Auguste Comte): alleinige Orientierung der Wissenschaft an beobachtbaren Tatsachen (Empirie); Verzicht auf metaphysische, religiöse Erklärungen
  - **Milieutheorie** von Hippolyte Taine: Prägung und **Determination des Menschen** durch die Faktoren Erbgut, soziales Milieu und historischer Zeitpunkt → **keine Willensfreiheit**

- Intention:
  - möglichst unverstellte, ungeschönte, **sachgetreue und vollständige Abbildung der Realität** in der Literatur (quasi naturwissenschaftliche Herangehensweise) → **gegen jede Ästhetisierung**
  - Aufzeigen von Kausalitäten und determinierter Existenz des Menschen
- Émile Zola: **Kunst als literarisches Experiment mit naturwissenschaftlichen Methoden** → Schriftsteller soll wie Naturwissenschaftler die empirische Wirklichkeit analysieren und darstellen
- **„Kunstgesetz" von Arno Holz: „Kunst = Natur – x":** Annäherung des Kunstwerks an die Natur, wobei „x", d. h. die vermittelnde Perspektive des Autors, möglichst klein gehalten werden soll → keine Freiheit der Erfindung

## Themen und Formen

- **Stoffe und Inhalte der literarischen Werke:**
  - **neue Themen:** Hässliches, Elend und Not, Krankhaftes, triebhafte Sexualität, Alkoholismus, Kriminalität, Armenmilieu, die Großstadt als feindlicher Lebensraum
  - Geschichten von **Proletariern, Außenseitern** und gesellschaftlichen Randexistenzen
  - oft **Familien** im Mittelpunkt, an denen die Macht der sozialen und biologischen Determination demonstriert wird
  - Darstellung immer zugleich auch **Analyse und Kritik der Verhältnisse**
- **formale Mittel:**
  - Ziel: **fotografisch-exakte Wiedergabe aller Details** wie in Zeitlupe
  - **Sekundenstil in erzählenden Texten:** Übereinstimmung von Erzählzeit und erzählter Zeit
  - **Drama:** umfangreiche **Beschreibungen des Bühnenbilds und Regieanweisungen** (Differenzierung von Gestik, Mimik, Sprache)
  - auch in **sprachlicher Hinsicht** genaue Abbildung der Realität und Charakterisierung des Milieus: **Umgangssprache, Dialekt und Soziolekt**, derbe Ausdrücke, Stottern und Satzabbrüche (Stilmittel: Anakoluth)
  - **Lyrik:** eher konventionelle Gestaltung, teilweise Verzicht auf Strophen, Reim und Metrum, **Orientierung am Sprechrhythmus**
- Dominanz des **sozialkritischen Dramas**, daneben kurze epische Texte und Großstadtlyrik
- **Reaktionen der Öffentlichkeit:** erboster Protest von Wilhelm II. gegen „Rinnstein-Kunst" → **Verbote und Zensur** von naturalistischen Büchern und Stücken → Gründung privater Bühnen, um durch geschlossene Aufführungen die Zensur zu umgehen

## Autoren und Werke

Max Halbe: *Jugend* (Liebesdrama)
Gerhart Hauptmann: *Die Weber, Vor Sonnenaufgang* (Dramen), *Bahnwärter Thiel* (Novelle)
Arno Holz: *Phantasus* (Gedichtzyklus mit Anordnung der Verse an Mittelachse)
Arno Holz/Johannes Schlaf: *Papa Hamlet* (Erzählung), *Familie Selicke* (Drama)
Hermann Sudermann: *Die Ehre, Heimat* (Dramen)
Clara Viebig: *Kinder der Eifel* (Novellensammlung), *Das Weiberdorf* (Roman)

## Auf einen Blick

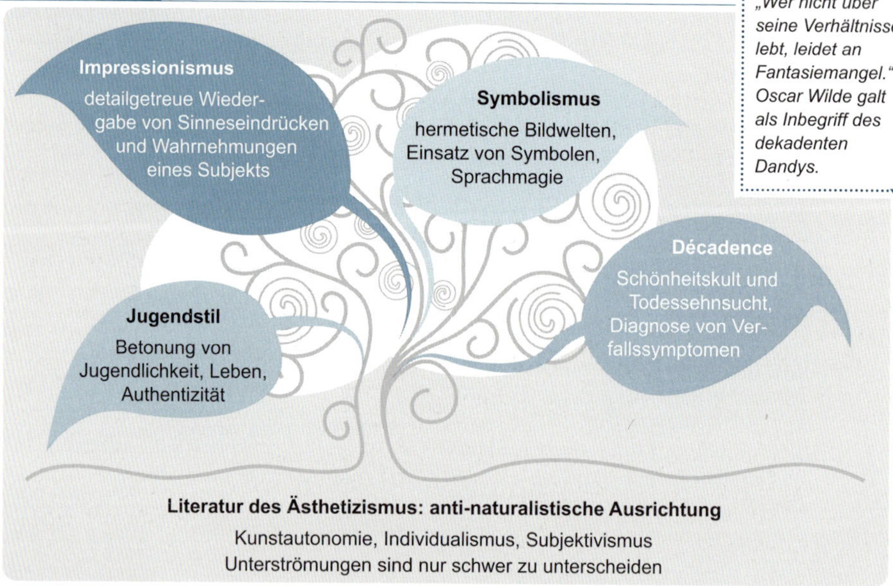


*„Wer nicht über seine Verhältnisse lebt, leidet an Fantasiemangel." Oscar Wilde galt als Inbegriff des dekadenten Dandys.*

## Allgemeines

- **Vielfalt der literarischen Strömungen (Stilpluralismus)** → Problematik bei der Einteilung einzelner Werke → Heterogenität und Nebeneinander vieler Stile = **Zeichen der Moderne**
- **Ästhetizismus** als gängiger, nachträglich geprägter Oberbegriff
  - Zeitraum: ca. **1890 –1910**
  - Zentren: München und Wien („Wiener Moderne" als Sammelbegriff für alle kulturellen Strömungen in Wien um 1900)
  - informeller Zusammenschluss von Schriftstellern in **Gruppen und Zirkeln** (z. B. Gruppe „Jung-Wien" um Hermann Bahr; exklusiver George-Kreis der „Jünger" von Stefan George)

## Poetik

- **anti-naturalistische Ausrichtung:** keine politische oder soziale Wirkungsabsicht der Kunst
- **l'art pour l'art** (= Kunst um der Kunst willen): Ideal einer autonomen, zweckfreien Kunst → **Konstruktion ästhetischer Gegenwelten** (= indirekter Protest gegen utilitaristische Ausrichtung der Gesellschaft des Kaiserreichs)
- **aristokratische Auffassung vom Dichtertum** (z. B. Selbstinszenierung von Stefan George als Seher und Prophet)
- Konzentration auf **verfeinerte sprachliche Gestaltung (poésie pure):** das Wort sollte seiner alltäglichen Bedeutung entrissen werden (besonders bedeutsam in Lyrik)
- zentrale Schlagwörter: Wahrnehmung, Reizempfindlichkeit, Nerven, Stimmung, Traum, Impression, Sinne, Gefühle
- starke Ausprägung von **Individualismus und Subjektivismus**

## Literarische Strömungen

Achtung: oft **keine trennscharfe Zuordnung** einzelner Werke zu einem der Stile möglich!

- **Décadence:**
  - verwandter Begriff: **fin de siècle** (Ende des Jahrhunderts) → ambivalente Einstellung zwischen Endzeit- und Aufbruchstimmung
  - Einfluss der Dichtung von Charles Baudelaire
  - einerseits **Genusssucht und Schönheitskult**
  - andererseits **Resignation und Lebensüberdruss** bis zur Todesverherrlichung
  - Diagnose der **Dekadenzsymptome der eigenen Zeit**
  - Einfluss der **Philosophie Nietzsches:** Verlust von Vitalität als Zeichen eines schleichenden, aber unaufhaltsamen gesellschaftlichen Verfalls
  - aber „Kranksein" auch als Voraussetzung für eine **erhöhte Sensibilität** → gesteigerte Empfindungstiefe ermöglicht intensivere Gestaltung
- **Symbolismus:**
  - **Verzicht auf Wiedergabe konkreter Inhalte**
  - Verwandlung von Elementen der realen Welt in **Bildzeichen und Symbole**
  - **hermetisch verschlüsselte** Bildwelten; Ideal der absoluten Dichtung
  - Tendenz zur **Flucht in eine idealisierte Gegenwelt** (Eskapismus)
  - **Sprachmagie:** Bedeutung von Klang, Synästhesien, Farbsymbolik → Musikalität der Texte
  - Rückzug in den „Elfenbeinturm" der Dichtung
- **Impressionismus:**
  - Einflüsse der **bildenden Kunst** (Malerei, Bildhauerei)
  - Stilideal der **Detailtreue bei Wiedergabe der Sinneseindrücke**
  - Fokussierung auf **Wahrnehmungen eines Subjekts:** Zergliederung der Wirklichkeit in Wahrnehmungsatome → Rückschlüsse auf beobachtete Wirklichkeit und Stimmung des Betrachters
  - Bedeutung des **Augenblicks**, der in all seinen Nuancen eingefangen werden soll
  - **Verzicht auf Deutung** der Wirklichkeit, Distanzierung von sozialen Problemen
  - häufig Heraufbeschwören einer **heiteren, farbig sinnlichen Atmosphäre**
  - Stimmungskunst (Entsprechung von Innen- und Außenraum des Ich)
- **Jugendstil:**
  - Stilrichtung in bildender Kunst, Architektur, Kunsthandwerk, aber auch Auswirkungen auf Literatur
  - **Feier der Jugendlichkeit**, Betonung von Natur, Authentizität, Leben

## Autoren und Werke

Stefan George: Gedichte
Hugo v. Hofmannsthal: *Ein Brief* (auch *Chandos-Brief*), *Jedermann* (Drama), Gedichte
Detlev von Liliencron: Gedichte
Thomas Mann: *Der Tod in Venedig*, *Tonio Kröger* (Novellen), *Buddenbrooks* (Roman)
Rainer Maria Rilke: *Die Aufzeichnungen des Malte Laurids Brigge* (Roman), Gedichte
Arthur Schnitzler: *Liebelei*, *Reigen* (Dramen), *Leutnant Gustl*, *Traumnovelle* (Novellen)
Frank Wedekind: *Frühlings Erwachen*, *Lulu* (Dramen)

## Auf einen Blick

*Die Schriftstellerin Franziska von Reventlow verspottete George wegen seiner priesterlichen Selbstinszenierung als „Weihenstefan“.*

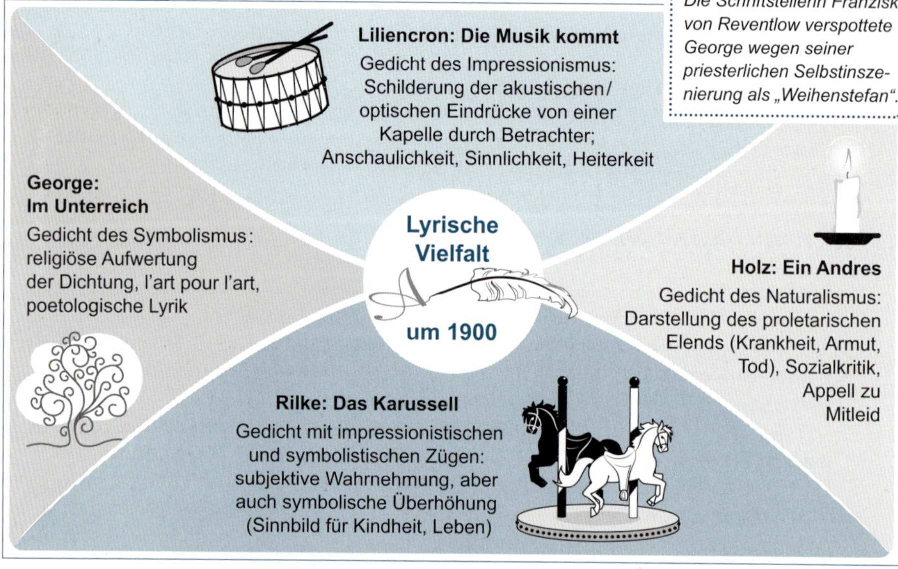


## Detlev von Liliencron: Die Musik kommt (1883)

- **Schilderung einer** durch einen Ort ziehenden militärischen **Musikkapelle**
- Form: 7 Strophen mit je 5 Versen, V.1–4 jeweils im Paarreim, V. 5 als Waise; kein festes Metrum, aber rhythmische Gestaltung
- lyrisches Ich: tritt nicht explizit in Erscheinung, aber gibt als **Beobachter** seine Eindrücke wieder
- Sprache: **Lautmalerei**, um Musik sprachlich abzubilden („Klingling, bumbum und tschingdada“); Polysyndeton und Binnenreime („Im Schritt und Tritt und Tritt und Schritt“) → Darstellung des monotonen Gleichschritts; Ironie: Geräuschkulisse würde eher zum Jüngsten Gericht passen
- bei vier Strophen refrainartiger letzter Vers („Und dann die ...“) → Verweis auf nicht abreißenden Militärzug, **Abfolge von Eindrücken für die Zuschauer**
- keine Kritik am preußischen Militarismus, aber doch **ironische Seitenhiebe** auf krawalliges, großtuerisches Auftreten der Soldaten; Aufmarsch als **Spektakel und Volksbelustigung**

**Merkmale des Impressionismus**

- Wahrnehmen von **punktuellen sinnlichen Eindrücken**, die aufeinanderfolgen (Dominanz des Zeilenstils) → mithilfe sprachlicher Mittel werden **optische und akustische Eindrücke einer Erscheinung nachgestaltet**
- Ironie und Auswahl der Details verrät **subjektiven Blick des Betrachters**

## Arno Holz: Ein Andres (1886)

- **Elendsszenerie** in einer großstädtischen Mietskaserne: Tod einer Mutter aus dem Arbeitermilieu
- Form: 4 Strophen mit je 8 kreuzgereimten Versen, 5-hebiger Jambus → regelmäßige Form im Kontrast zu bedrückender Misere
- detaillierte **Beschreibung von Verfall, Armut, Krankheit**
- Mitleid der Nachbarn, die Arzt holen, und des Arztes selbst

- kein lyrischer Sprecher, aber dennoch **Aufruf zu Mitgefühl:** selbst personifizierte Sterne leiden mit („Was sie erspähn, o, es ist grad genug,/ Um mit dem Elend brüderlich zu weinen")
- möglicher Umschlag des Elends in **Aggression** angedeutet: Vater betäubt Wut mit Alkohol

**Merkmale des Naturalismus**

- Wiedergabe genauer **optischer und akustischer** („Doch horch") **Eindrücke:** Vergegenwärtigung des **proletarischen Elends** und der ausweglosen **determinierten Lage**; **Hässliches** bewusst thematisiert (Krankheit, Sterben, Armut, Alkoholismus)
- **didaktische und sozialkritische Stoßrichtung:** Anteilnahme wecken für die Ärmsten

## Rainer Maria Rilke: Das Karussell (1906)

- **Beschreibung eines Karussells** in einem konkreten Pariser Park: Darstellung der Fahrbewegung und der kindlichen Passagiere
- Form: 5 unterschiedlich lange Strophen; 5-hebiger Jambus, Enjambements, Anapher „und" am Versanfang, wiederkehrender Vers „Und dann und wann ein weißer Elefant" → **formale Nachahmung des Sich-Drehens des Fahrgeschäfts**
- lyrisches Ich: gibt sich nicht explizit zu erkennen, ist aber als **Betrachter** anzunehmen, der aus der Entfernung das Treiben verfolgt und dadurch zum Nachdenken angeregt wird
- Kinder in unterschiedlichen Stadien des Heranwachsens, farbige Reittiere als Andeutung auf verschiedene Wesenszüge

**Merkmale des Impressionismus**

- sich steigerndes Tempo (Aufzählungen, Ellipsen) → nur noch Farbtupfer wahrnehmbar (Parallele zur impressionistischen Malerei) = **Wiedergabe subjektiver Wahrnehmungsfragmente**
- Beeinflussung des **betrachtenden Subjekts** durch betrachtetes Objekt

**Merkmale des Symbolismus**

- über reine Beschreibung hinausgehende **Reflexionen zum Phänomen Zeit:** zyklische Wiederkehr und Vergänglichkeit (Flüchtigkeit des Augenblicks) → **tiefere Bedeutung** der Schilderung
- **Dinggedicht: Karussell als Symbol** für Kindheit, Erwachsenwerden, Zyklus des menschlichen Lebens („dieses atemlose blinde Spiel")

## Stefan George: Im Unterreich (1892)

- **Beschreibung eines selbstgeschaffenen, anorganischen Gartens** fern der Natur → Entfremdung von der lebendigen Natur, lebensfeindliche Atmosphäre
- Form: 4 Strophen à 4 Verse im Kreuzreimschema
- Bild von der „schwarzen blume": Anspielung auf künstlichen Charakter des Ortes und den Tod, zugleich Symbol für den Ästhetizismus und den **elitären Anspruch von Georges Dichtung**
- Sprache: Kleinschreibung der Substantive, ungewöhnliche Wortwahl, Personifikation des Gartens
- **lyrisches Ich als selbstbewusster Künstler** und Schöpfer der Gegenwelt („mein garten")

**Merkmale des Symbolismus**

- Garten als **Symbol** für Dichtung: Stilisierung des Gartens zum Heiligtum → **religiöse Aufwertung der Kunst** (von der Außenwelt abgeriegelte, sakrale Kunstwelt )
- **Vorrangstellung der Kunst** (l'art pour l'art), die ihren eigenen Regeln folgt; von der Realität abgewandte Haltung des Dichter-Ich
- **poetologische Lyrik** (Dichtung, die über sich selbst und ihre Bedingungen spricht)

## Auf einen Blick

*Die Militärkritik in „Leutnant Gustl“ erregte einen Skandal. Als Schnitzler es dann auch noch unterließ, den Verfasser eines beleidigenden Leserbriefs zum Duell zu fordern, erkannte man ihm den Status als Reserveoffizier ab.*

**Formen des Erzählens**

**innerer Monolog**
1. Person Indikativ Präsens, nur Innensicht einer Figur, ungeordneter Gedankenstrom, Verzicht auf Erzählerkommentar
*Bsp.: Leutnant Gustl*

**naturalistisches Erzählen**
Schicksale aus der Unterschicht: determinierte Existenzen, genaue Milieustudien, naturwissenschaftliche Exaktheit
*Bsp.: Bahnwärter Thiel*

**moderne Parabeln**
Verzicht auf Erklärung der Bildebene und Lehre, Offenheit und Vieldeutigkeit, Irritation des Lesers
*Bsp.: Parabeln Kafkas*

## Monolognovelle: Leutnant Gustl

- *Leutnant Gustl*: **Novelle von Arthur Schnitzler** (1862–1931), erschienen 1901
- **Ort und Zeit der Handlung:** Wien, im April 1900
- **Inhalt:** Leutnant Gustl fühlt sich nach einem Konzertbesuch von einem Bäckermeister beleidigt → in Gustls Augen eine Verletzung seiner soldatischen Ehre, die er nicht mit einem Duell wiedergutmachen kann, da ein Bäcker nicht als satisfaktionsfähig gilt → existenzielle Krise Gustls, zielloser Spaziergang durchs nächtliche Wien: Angst, dass seine Demütigung allgemein bekannt wird und er den Militärdienst quittieren muss → Verzweiflung, Pläne für Suizid; Gedanken an Mutter und an Geliebte, Erinnerungen an Militärerfahrungen → Einschlafen auf Parkbank → am Morgen erfährt Gustl im Kaffeehaus vom überraschenden Tod des Bäckers → Triumphgefühle und Weiterleben wie zuvor
- **Form: nur innerer Monolog** (1. Person Indikativ Präsens)
  - völliger **Verzicht auf Erzählerkommentar**
  - Leser muss Gedanken des Protagonisten folgen
  - Radikalisierung des naturalistischen Sekundenstils: unmittelbare, **ungeordnete Wiedergabe der Gedanken**, Gefühle und Wahrnehmungen einer Figur im **Echtzeitmodus**
  - ineinander übergehende, flüchtige **Assoziationen** (→ Einfluss von Freuds Theorien und des Impressionismus)
- **Sprache:** dem **mündlichen Sprechen** angenähert, Nachvollzug des **Gedankenstroms** (Sprichwörter, Umgangssprache, Ellipsen, Anaphern, Fragen, Pausensignale, Wiederholungen, Sprünge)
- **Deutung:**
  - **Gesellschaftskritik:** Entlarvung des hohlen militärischen **Ehrbegriffs** und der Untertanenmentalität; Soldatentum als Mittel, um Minderwertigkeitskomplexe zu kompensieren; Doppelmoral: Beleidigung ist erst eine solche, wenn sie öffentlich wahrgenommen wird
  - **Gustl als Sozialcharakter:** oberflächlicher, narzisstischer, von Minderwertigkeitsgefühlen getriebener, selbstmitleidiger Charakter, für den Mitmenschlichkeit wenig bedeutet (antisemitische Vorurteile, chauvinistische Gedanken, Herablassung gegenüber Frauen)
- **Bedeutung: Einführung des inneren Monologs** in deutschsprachige Literatur

## Naturalistisches Erzählen

- *Bahnwärter Thiel*: **Novelle von Gerhart Hauptmann** (1862–1946), erschienen 1888
- **Ort und Zeit der Handlung:** Spree-Siedlung zur Entstehungszeit
- **Inhalt:** Heirat des verwitweten Bahnbeamten Thiel mit der Magd Lene, um seinen Sohn Tobias versorgt zu wissen → Misshandlung des Stiefsohns durch Lene, die selbst ein Kind bekommen hat → Flucht Thiels in sein Bahnwärterhäuschen, das er dem Gedenken an seine verstorbene Frau Minna weiht → Eindringen Lenes in Thiels Rückzugsraum, da sie dort Kartoffeln anbauen will → Vernachlässigung der Aufsichtspflicht gegenüber Tobias, der von Schnellzug überfahren wird → Wahnsinn Thiels: Ermordung Lenes und seines zweiten Kinds → Einweisung in Anstalt
- **Form:** erzähltechnische Dreiteilung: 1. auktoriale Darstellung der sozialen und charakterlichen Voraussetzungen Thiels – 2. personaler Erzähler: subjektive Wahrnehmungen Thiels (beginnende geistige Verwirrung) – 3. berichtartig-objektiver Schluss: Morde, Thiels Einweisung
- **Sprache:** Technik gewinnt Eigenleben (Personifikationen, Lautmalerei, Vergleiche mit Tieren: Telegrafendrähte gleichen dem „Gewebe einer Riesenspinne") → Züge als Urgewalt
- **Deutung:**
  - Ambivalenz der neuen **Technologie Eisenbahn:** Arbeitsplatz und zerstörerische Gewalt
  - Thiel zerrissen zwischen zwei Frauen: religiös überhöhte Liebe zu zarter, schwacher Minna vs. (sexuelle) Hörigkeit gegenüber derber Lene
  - **Thiel weniger Handelnder als Getriebener:** Entscheidungsschwäche, durch Fahrplan vorgegebener Lebensrhythmus, Abhängigkeit von Lene → Wahnsinn als Ausbruchsversuch aus **determinierter Existenz** → Selbstzerstörung
- **Epochenzuordnung:**
  - **naturalistische Elemente:** Stoff aus dem Leben eines Kleinbürgers; genaue Milieuschilderung; Themen Hörigkeit, Wahnsinn, Determination; kritische Bestandsaufnahme des Menschen in technisch geprägter Welt; **Gattungsbezeichnung** „novellistische Studie" → naturwissenschaftlich-empirische Herangehensweise an literarischen Stoff
  - aber: **symbolhafte Anlage** (Gegensatz zwischen zwei Frauenfiguren bzw. Wohn- und Arbeitswelt Thiels) verrät **künstlerischen Gestaltungswillen** ≠ naturalistische Poetik
  - auch **romantische Motive** (Natur, religiöse Verklärung Minnas, Thiels Traum) und **expressionistische Einflüsse** (Darstellung der Wahnvorstellungen, Schilderung des Sonnenuntergangs mit plakativer Farbsymbolik)

## Parabeln Kafkas

- **klassische Parabel:** bildhafte Erzählung, die anhand eines Einzelfalls eine Wahrheit vermittelt; von einer Bildebene wird auf die Sachebene geschlossen; Parabel stellt selbst Bezug zur gemeinten Bedeutung her → belehrende Absicht, die allgemein verbindliches Weltbild voraussetzt
- **Besonderheiten von Kafkas Parabeln:**
  - **Verzicht auf Sachebene und auf Erklärung** der Bildebene → Leser muss selbst versuchen, Bedeutung zu erschließen → **verschiedene Deutungen** möglich (biografisch, religiös, psychoanalytisch, soziologisch etc.)
  - **keine** klar abzuleitende **Lehre** (keine verbindliche Wahrheit oder Lebensweisheit)
  - subjektiv gebrochene Wirklichkeit → keine allgemein verbindlichen Werte, stattdessen: **Offenheit, Vieldeutigkeit und Orientierungslosigkeit**
  - parabolisches Erzählen als **Ausdrucksweise der Moderne**
- Beispiele für Parabeln Kafkas: *Eine kaiserliche Botschaft*; *Gibs auf!*; *Heimkehr* (= Variation der biblischen Parabel vom verlorenen Sohn); *Vor dem Gesetz* (Teil des Romans *Der Proceß*)

## Auf einen Blick

*Dass die Kulturschaffenden um 1900 selbst ihre Zeit „Moderne" nannten, brachte die Literaturwissenschaft in Nöte: Wie sollte man folgende Epochen taufen? So entstanden Begriffe wie „Postmoderne" oder „Nach-Postmoderne".*

## Dokument der Sprachkrise: Brief des Lord Chandos

- *Brief des Lord Chandos:* **fiktiver Brief von Hugo von Hofmannsthal** (1874–1929), entstanden 1902
  - Brief eines Adeligen aus dem 17. Jhd.: Lord Chandos begründet darin seinen **Verzicht auf literarisches Schreiben**
  - Klage über **Verlust seiner Fähigkeit, über anspruchsvolle Themen** wie „Geist" oder „Seele" **zu sprechen** und zu denken → für ihn nicht mehr möglich, eigene Urteile in abstrakte Worte zu fassen
  - **Worte entwickeln ein Eigenleben**, „[zerfallen ihm] im Munde wie modrige Pilze"
  - **Sprachkrise:** Scheitern bei dem Versuch, die Wirklichkeit sprachlich abzubilden und in begriffliche Systeme zu „zwängen"
  - **Widerspruch:** Verlust des Vertrauens in Funktionieren und Aussagekraft der Sprache wird eloquent mit komplexer Syntax und gewählter Metaphorik beschrieben
  - Text eigentlich ein **poetologischer Essay**, in dem Hofmannsthal seine **eigene Problematik** in Bezug auf die Sprache in einer literarischen Kostümierung behandelt
- **exemplarischer Text für Sprachkrise um 1900:** Schwierigkeit, die Gesamtzusammenhänge einer sich zunehmend verändernden Welt sprachlich zu erfassen
- zugleich Zeugnis einer **Bewusstseinskrise:** mit der Sprache zerfallen für Chandos auch sein eigenes Ich und die Welt in Bruchstücke
- Hofmannsthals Wunsch, Dinge anders und neu zu sehen und so **zu einer anderen Sprache zu finden** → Forderung nach einer Hinwendung zu Alltäglichem = **Distanzierung Hofmannsthals von Décadence und Ästhetizismus** (Kunst darf nicht nur um sich selbst kreisen)
- weiteres Beispiel: **Rainer Maria Rilkes Gedicht** *Ich fürchte mich so vor der Menschen Wort* (1897): Kritik an einer oberflächlichen/endgültigen Benennung der Dinge, die deren tiefere Bedeutung nicht beachtet → Forderung, die Dinge mithilfe der Poesie „singen" zu lassen

## Novelle der Décadence: Der Tod in Venedig

- *Der Tod in Venedig*: **Novelle von Thomas Mann** (1875–1955), erschienen 1912
- **Ort und Zeit der Handlung:** München und Venedig um 1910
- **Inhalt:** Reise des alternden berühmten Schriftstellers Gustav von Aschenbach nach Venedig → schwärmerische Gefühle für den adeligen polnischen Knaben Tadzio, den er aus der Ferne anhimmelt → Ausbruch der Cholera in Venedig, aber scheiternde Versuche Aschenbachs abzureisen: ignoriert in seiner Fixierung auf Tadzio alle Warnungen → gibt seine Selbstdisziplin auf, verliert seine Würde (lässt sich schminken), nimmt eigenen Tod in Kauf → Tod am Strand beim Beobachten Tadzios, der ihm als Führer ins Jenseits erscheint
- **Form:** v. a. auktoriales Erzählverhalten (viele Erzählerkommentare) mit personalen Passagen (Einblick in Aschenbachs Gedanken)
- **Sprache:** gehobener Stil mit verschachtelter Syntax, gewählter Wortwahl (Fremdwörter, Substantivierungen), Anspielungen auf Mythologie, Ironie, die Distanz zum Geschehen herstellt, Leitmotiven (verschiedene Figuren als Todesboten, Anspielungen auf Gott Hermes, Todesmotive)
- **Deutung zentraler Elemente der Décadence-Dichtung:**
  – morbide Lagunenstadt als Inbegriff von **Vergänglichkeit** einstiger Schönheit und Größe
  – Thema **Krankheit:** Tadzio zugleich schön und kränklich; Grassieren der Cholera
  – Aschenbachs Verfallenheit an Schönheit, Sieg der **Todesfaszination**
  – Parallelisierung von Aschenbachs Zerrissenheit mit antikem Mythos: **Widerstreit des apollinischen und dionysischen Prinzips** (Maßhalten, Ordnung, Form ↔ Rausch, Chaos, Sexualität) → zuletzt Sieg des Dionysischen: Selbstaufgabe Aschenbachs
  – Scheitern eines Lebensmodells, das bürgerliche Existenz und Künstlertum vereinen sollte (**Gegensatz von Bürgerlichkeit und Künstlertum** als zentrales Thema bei Thomas Mann)
- **Einflüsse der Psychoanalyse:**
  – **Unterbewusstes und Verdrängtes** (Aschenbachs homoerotische Neigungen) brechen sich Bahn und zerstören die bürgerliche Existenz
  – **Traum** Aschenbachs als Spiegelung seiner inneren Zerrissenheit

## Zusammenschau: Merkmale modernen Erzählens

- **unzuverlässiges Erzählen:**
  – Leser stellt **Wahrheitsgehalt des Erzählten** und Zuverlässigkeit des Erzählers **infrage**
  – Hinweise: **Widersprüche** bzw. **unerwartete Wendungen** der Handlung
  – Gründe: psychische Störung oder Unwissenheit des Erzählers oder Absicht, Leser zu täuschen
  – Beispiel: Franz Kafkas Erzählung *Das Urteil*: Konflikt zwischen Vater und Sohn; immer wieder Leugnen von zuvor berichteten Fakten → zuletzt völlige Unklarheit, wer von beiden lügt
- **kein geschlossenes Weltbild** mit allgemein verbindlichen Werten
- häufig **keine auktoriale Erzählinstanz** → Verzicht auf Anleitung des Lesers und auf Erklärungen; stattdessen vermehrt personales Erzählen: Leser angewiesen auf Wahrnehmungen und Wissen der jeweiligen Figur
- Abkehr vom Idealismus der Klassik: bewusste **Thematisierung des Hässlichen und psychischer Abgründe** sowie von **Identitätskrisen**
- oft **Antihelden** (Außenseiter, Kranke, Arme, Wahnsinnige) anstelle rein positiver Heldenfiguren
- **Zweifel an Aussagekraft und Mitteilungsfunktion der Sprache**
- teils gesellschaftskritische Intention, teils Verzicht auf klare Botschaft (Parabeln Kafkas)
- Literatur als **Spiegel einer verunsicherten Zeit** ohne verlässliche Orientierung → Mehr- und Vieldeutigkeit, Offenheit

## Auf einen Blick

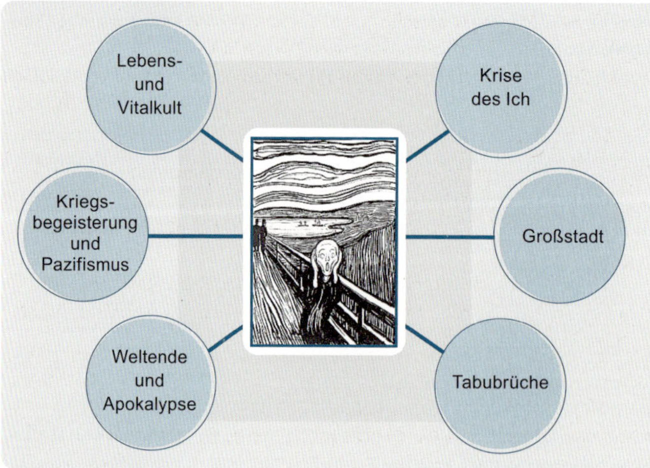


*1910 erregte das Erscheinen des Halleyschen Kometen am Himmel die Gemüter. Viele Menschen waren überzeugt, dass dieser den Weltuntergang ankündigte, was sich die Werbeindustrie zunutze machte. Kometenansichtskarten, Kometenseife oder sogar Kometenwurst entwickelten sich zu Verkaufsschlagern.*

## Allgemeines

- Zeitraum: 1910–1925; Zentren: Berlin, München
- literarische Strömung, ausgehend von der (internationalen) expressionistischen Malerei

## Lebens-und Vitalkult

- zentrale Anliegen der Expressionisten: Umbruch, **Aufbruch**, neues Erleben
- Rationalitätskritik: **Betonung alles Nicht-Rationalen, Affektvollen und Pathetischen**
- **Untergangsvisionen** und Aufbruchshoffnungen
- Sehnsucht nach dem „wahren und eigentlichen Leben" → Ziel der „**Verwesentlichung**" des Menschen: Sinngebung durch verbrüdernde Liebe, allgemeine Geltung der Menschenwürde und unverstellten Ausdruck des Erlebens
- „Leben" als Schlüsselbegriff **gegen verkrustete und starre bürgerliche Gesellschaft** des Wilhelminismus → **Lebenskult** und rauschhafte Begeisterung → **Generationenkonflikte**
- pathetische **Artikulation messianischer Hoffnungen** auf neuen, paradiesischen Zustand und einen „**neuen Menschen**" → Erneuerungsvisionen als Art „Heilslehre" und **Antwort auf Bedrohungen der modernen Massengesellschaft** und den **Ich-Zerfall**
- eigentlich negativ besetzte Emotionen wie Wut oder Hass als Ausdruck vitalistischer Energien

## Kriegsbegeisterung und Pazifismus

- Empfindung von **Langeweile und spießbürgerlicher Erstarrung** → Sehnsucht nach gewaltvoller Veränderung → bei einigen Dichtern **Begeisterung für Krieg** als kulturrevolutionäres Ereignis, Aufbruch und Neuanfang
- Mischung von **Grauen und Faszination** angesichts der Kriegswirklichkeit
- Umschlagen der Kriegsbegeisterung in **Enttäuschung und Ernüchterung** → **Pazifismus** und emphatische Beschwörung einer **Erneuerung des Menschen**
- Darstellung von Schrecken und Sinnlosigkeit des Kriegs

## Weltende und Apokalypse

- **Entgötterung der Welt** nach Zitat von Nietzsche „Gott ist tot.“: Verlust metaphysischer Sinnhorizonte und **Umwertung aller Werte** (Schlagwort nach Nietzsche)
- Beschreibung von Verzweiflung, Krise, apokalyptischen Ängsten und nihilistischen Vorstellungen

## Krise des Ich

- Eigendynamik der Objektwelt, der sich modernes Subjekt hilflos ausgeliefert fühlt → **Ohnmacht des Individuums und Ich-Dissoziation**
- Darstellung einer **inneren Zerrissenheit** → Spannung zwischen Verfall und Triumph sowie Tod und Auferstehung
- **Sprach-, Ich- und Sinnkrise** → Ideal der Erneuerung und Wandlung des Menschen
- **Hilflosigkeit und Orientierungslosigkeit** des modernen Ich angesichts von zivilisatorischem Fortschritt, Verstädterung und Technisierung

## Großstadt

- Großstadt und Technisierung als Motivation für expressionistische Kulturkritik und **Darstellung verstörender Krisenerfahrungen des Einzelnen**
- moderne Verstädterung mit Menschenmassen und zunehmender Technisierung als Auslöser für **Hilflosigkeit und Orientierungslosigkeit** → Technikkritik
- Personifizierung der zerstörerischen Kräfte moderner Zivilisation → **Zivilisationskritik**
- Darstellung von Vereinzelung, Reizüberflutung, Krankheit, Armut und Tod in der Großstadt
- **veränderte Wahrnehmungsbedingungen** in den schnell gewachsenen Großstädten → Entfremdungs- und Angsterfahrungen, aber auch Faszination für großstädtische Phänomene: Großstadt als **Ort gesteigerten Lebens und des Sinnenrauschs**
- Nervenüberreizung durch **Überfülle an Wahrnehmungen und Sinneseindrücken** in der Großstadt und durch neue Massenmedien Zeitung und Film → **Simultangedichte** als Darstellungsmedium
- Beschreibung eines Gefühls von **Enge und Bedrängnis** durch überfüllte Städte und bedrohlichen Verkehr
- **Verdrängung der Natur** durch Zivilisation

## Tabubrüche

- Verknüpfung von Emotionen negativer Art mit sexueller Lust sowie Sexualisierung kriegerischer Gewalt
- **Ästhetik des Hässlichen:** poetische Darstellung von als hässlich und abstoßend empfundenen Themen wie Krankheit, Verwesung und Verfall (sog. **Wasserleichenpoesie**, in der insbesondere der Zerfallsprozess von jungen ertrunkenen Frauen dargestellt wird)
- Kontrastierung von Schönheit und Jugend mit Nichtigkeit und Zerstörung
- **Behandlung von Tabuthemen:** Aufwertung von Außenseitern der Gesellschaft wie von Geisteskranken, Verbrechern, Bettlern, Prostituierten und anderen gesellschaftlichen Randexistenzen, um zu schockieren und zu provozieren
- Darstellung von Angst, Unsicherheit, Entfremdung, Wahnsinn, Verzweiflung und Suizid
- Thematisierung von **Sexualität und Prostitution**, um Scheinmoral der Gesellschaft zu entlarven

## Auf einen Blick

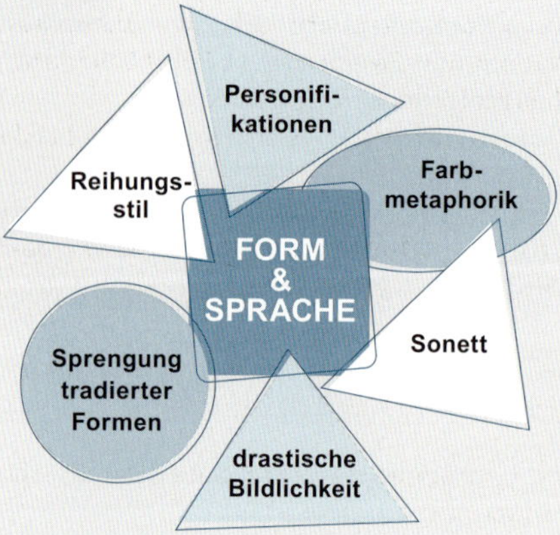


*Die Expressionisten liebten es, zu überraschen und Lesererwartungen zu unterlaufen. So gibt es zahlreiche Gedichte, deren Titel eine Idylle vermuten lassen („Sonnenuntergang", „Kleine Aster", Sommerfrische"), den Leser beim Weiterlesen aber mit erschreckenden Zuständen und derben Formulierungen schockieren.*

## Form

- Vorliebe für traditionelle Strophen-, Vers- und Reimformen → häufig **Diskrepanz zwischen Form und Inhalt**, z. B. Darstellung revolutionärer Inhalte in traditioneller **Form des Sonetts**
  - Sonett als letzter **Halt und Orientierungspunkt** in einer Zeit, die sich durch Orientierungslosigkeit auszeichnet
  - äußere Form als **Fassade**, hinter der es bröckelt → **Schein**, der sich als trügerisch erweist
  - **Aufsprengung** der äußeren Form **durch den Inhalt** → traditionelle Form unter gegenwärtigen Lebensumständen nicht mehr haltbar
- **Sprengung tradierter Formen:** Verzicht auf Metrum und Reim, stattdessen freie Rhythmen
- Entpoetisierung des Reims, z. B. *Skelett/Menuett* (Boldt)

## Wortwahl und Sprache

- **sprachliche Intensität**, z. B. durch Verknappung von Satz-/Wortgefügen und elliptische Konstruktionen
- neue Sprachbilder und **Wortneubildungen**, z. B. *Riesensteinmeer* (Heym), *Mondregenbogen* (Ehrenstein)
- „Leben" als Schlüsselbegriff, der gegen wilhelminische Erstarrung gerichtet ist
- **Auflösung syntaktischer und grammatikalischer Regeln**, z. B. *Aus allen Winkeln gellen Fürchte Wollen / Kreisch / Peitscht* (Stramm)
- Radikalisierung der Sprache; Übertreibungen
- **drastische Bildlichkeit** und ungewöhnliche Metaphern, z. B. *Ein Mann zertrümmert eine morsche Frau.* (Lichtenstein)
- **Kontrastierungen**, z. B. *Am Abend, wenn die Glocken Frieden läuten, [...] Da macht ein Hauch mich von Verfall erzittern.* (Trakl)
- literarische **Anspielungen und Verwendung lateinischer und französischer Vokabeln**, z. B. *Autumnus* (Heym), *Morgue* (Benn)
- Rhetorisierung und Pathetisierung der Aussage (**„O-Mensch-Gedichte"**), z. B. *Mensch Mensch mein Bruder wer bist du!?* (Becher)

## Stil

- visuelle Eindringlichkeit → einprägsame **Farbmetaphorik:** Schwarz = drohendes Unheil, z. B. *schwarze Flammen* (Heym); Rot = Blut, z. B. *rotes Bangen* (Heym); Blau = Sehnsucht, Optimismus, z. B. *blaues Lachen* (Trakl); aber auch Beliebigkeit der Farbmetaphern
- Expressionismus als **Gegenbewegung** zum Naturalismus, zum Symbolismus und zum Impressionismus
- **Personifikationen für zerstörerische Kräfte der modernen Zivilisation** und für großstädtische Welt, z. B. *Der Gott der Stadt* (Heym) → Dynamisierung der Objektwelt, der modernes Subjekt hilflos ausgeliefert ist, z. B. *Sind alle Menschen im Land auf der Flucht / Vor unserer steinernen Welle.* (Wegner)
- **Großstadtlyrik:** personalisierende Metaphern für Gegenstände (*Hohläugig glotzen die Häuser herüber*, Wegner) und Verdinglichung des Subjekts (*Schon rosten meine Knochen, leere Schienen*, Drey)
- **Reihungsstil in Simultangedichten:** Aneinanderreihung scheinbar zusammenhangloser Hauptsätze, heterogener Bilder und disparater Eindrücke
  - Widerspiegelung der **Vielzahl von Eindrücken** in der Großstadt
  - Illustration der **Orientierungslosigkeit** des modernen Subjekts
  - **Versinnbildlichung des Tempos**, der Unruhe und der Diskontinuität in der Großstadt
- **Tendenz zur Parataxe:** Zeilenstil, Isolation des Einzelworts, Bilderkumulation, „harte Fügung" (Einschnitte innerhalb eines Verses zur besonderen Hervorhebung von Wörtern oder Silben)
- Vergleiche von Mensch und Tier bzw. Ausstattung von Tieren mit menschlichen Persönlichkeiten
- **Film als Maßstab einer neuen Ästhetik**, um Tempo des Lebens abzubilden
- häufige Verwendung des Stilmittels der **Synästhesie**, z. B. *Augen greifen weich in die tiefe Welt* (Lichtenstein)

## Häufige Stilmittel mit Beispielen

- **Akkumulation:** Aneinanderreihung von miteinander in Beziehung stehenden Begriffen, z. B. *Entfaltungen, das Blut, die Müdigkeiten,/die Georginennähe macht uns wirr* (Benn)
- **Alliteration:** aufeinanderfolgende Wörter mit dem gleichen Anfangslaut, z. B. *Die grelle, gelbe Nacht* (Hoddis)
- **Anapher:** Beginn aufeinanderfolgender Verse oder Wortgruppen mit dem gleichen Wort/der gleichen Wortgruppe, z. B. *gehe Wege,/gehe sie zurück,/keiner bringt mir/mich zurück* (Ehrenstein)
- **Ausruf**, z. B. *O, wie mich leise eine süße Weise betönt* (Lasker-Schüler)
- **Ellipse:** Auslassung eines Satzteils, z. B. *Bis in den Mund gebräunt vom Meer. Reif gesenkt, zu griechischem Glück.* (Benn)
- **Hyperbel:** Übertreibung, z. B. *Eine ewige, eine unendliche Stadt!* (Wegner)
- **Imperativ:** Befehl oder Aufforderung, z. B. *O komm! O komm, Geliebte!* (Blass)
- **Inversion:** Veränderung der herkömmlichen Wortreihenfolge, z. B. *Zu meinen Füßen wurmige Menschen schwelen* (Drey)
- **Metapher:** bildlicher Vergleich, z. B. *Zersägend das Gehör* (Lotz)
- **Personifikation:** Vermenschlichung von Nichtmenschlichem, z. B. *Die nackten Stühle horchen* (Lichtenstein)
- **Synekdoche:** Ein Teil steht für das Ganze (Pars pro toto) oder das Ganze steht für einen Teil (Totum pro parte), z. B. *Zwei Augen brüllen auf* (Benn)
- **Wiederholung**, z. B. *Gebt Raum Gebt Raum/Unserm Schritt!* (Wegner)

## Auf einen Blick

**EXPRESSIONISTEN**
- häufig problematische Familienverhältnisse
- Intention: Aufbegehren, Erzielen einer Schockwirkung

**Gottfried Benn**
- angespanntes Verhältnis zu seinem Vater
- praktizierender Arzt, u. a. in Psychiatrie und Pathologie

**Jakob van Hoddis**
- Probleme mit Autoritäten ➜ Förderung einer progressiven Kultur
- Gedicht „Weltende“ als Beginn der expressionistischen Lyrik

**Georg Heym**
- Konflikte mit bürgerlich-konservativem Elternhaus
- Mitglied des „Neuen Clubs“, um aufzubegehren

**Georg Trakl**
- schwierige familiäre Verhältnisse
- Depressionen und Drogenexzesse

*Eine der exzentrischsten Persönlichkeiten des Expressionismus war die Dichterin Else Lasker-Schüler, die mit Ringen und extravaganten Gewändern auffiel. Mit dem siebzehn Jahre jüngeren Gottfried Benn, dem sie den Spitznamen „Giselher“ gab, verband sie eine intensive Freundschaft, viele vermuten dahinter eine Liebesbeziehung. Benn bezeichnete seine Freundin nach ihrem Tod als „Deutschlands größte Dichterin“.*

## Gottfried Benn

- * 2. Mai 1886 in Mansfeld/Brandenburg; † 7. Juli 1956 in Berlin an Knochenkrebs
- **Sohn eines strengen, protestantischen Pfarrers**, der ihm verbot, seine an Krebs erkrankte Mutter zu behandeln, da ihre Schmerzen gottgewollt seien → wichtiges Thema in seinem Werk: **Generationenkonflikt**
- Studium der Theologie (Wunsch des Vaters), Philologie und Medizin an militärärztlicher Akademie → praktizierender **Arzt**, u. a. in **Psychiatrie und Pathologie** → Entwicklung seines präzisen Beschreibungsstils → Eindrücke fanden **starken Niederschlag in Gedichten**
- 1912: erster **Gedichtband *Morgue und andere Gedichte*** → Skandal und früher Ruhm als Expressionist, später Gedichte mit sanfterem und traditionellerem Ton
- Erster Weltkrieg: **Militärarzt**, u. a. in Krankenhaus für Prostituierte
- **ambivalentes Verhältnis zum Nationalsozialismus:** zuerst **Loyalitätsbekundung**, später kritisch-distanziertes Verhältnis → Militärarzt bei der Wehrmacht, aber Ausschluss aus Reichsschrifttumskammer und **Schreibverbot**
- rasanter Aufstieg in frühen Jahren der Bundesrepublik und Gewinner renommierter Literaturpreise; weiterhin praktizierender Arzt
- **Auswahl bekannter Gedichte** (1912): *Nachtcafé, Schöne Jugend, Kleine Aster*

## Georg Heym

- * 30. Oktober 1887 in Hirschberg/Niederschlesien; † 16. Januar 1912 in Berlin beim Schlittschuhlaufen auf der Havel, als er einen ins Eis eingebrochenen Freund retten wollte
- **problematisches Verhältnis zum bürgerlich-konservativen Elternhaus**
- ab 1907: **Jurastudium** in Würzburg, Berlin und Jena, zu dem er sich vom Vater genötigt sah → Scheitern bei Ableistung des Vorbereitungsdienstes → Bemühen um Beitritt zum Militär
- 1909/10: Beitritt zum „**Neuen Club**“ (Vereinigung junger, aufbegehrender Künstler) → Fülle meist **negativer Metaphern** und Visionen einer von **Katastrophen** heimgesuchten Welt → Heym als „Prophet“ des Ersten Weltkriegs
- **Auswahl bekannter Gedichte** (1911): *Der Gott der Stadt, Der Krieg, Die Stadt*

## Georg Trakl

- * 3. Februar 1887 in Salzburg; † 4. November 1914 in Krakau (wahrscheinlich durch Selbstmord)
- Herkunft aus gehobenem Bürgertum: **schwierige familiäre Verhältnisse**, v. a. zu drogenabhängiger Mutter → bereits als Kind erste Selbstmordversuche
- sehr enge, eventuell sogar **inzestuöse Beziehung zur jüngeren Schwester Margarethe** → zahlreiche Bezugnahmen auf sie in seinen Gedichten
- 1904: erste literarische Versuche im Salzburger Dichterzirkel „Apollo" (später „Minerva")
- 1905: Beendigung der Schullaufbahn ohne Matura; erste **Experimente mit Drogen** → Ausbildung zum **Apotheker** und anschließend **Pharmaziestudium** → leichte Erreichbarkeit von Rauschmitteln
- 1910: Militärdienst bei Sanitätsabteilung → Verstärkung von **Depressionen und Drogenexzessen**, aber auch dichterischer Durchbruch mit reifer, schwermütiger Lyrik
- zunehmende **Angstzustände** und Depressionen → zeitweise panische Angst vor fremden Menschen, schwankend zwischen Euphorie und Betäubung
- **Kennzeichen seiner Lyrik:** Herbststimmung, Farbsymbolik, Traum, Vergänglichkeit und Tod, teilweise chiffrenhafte Verschlüsselung
- 1914: freiwillige Meldung als **Militärapotheker** und Miterleben der Schlacht bei Gródek → **Nervenzusammenbruch** und **Selbstmordversuche** → Tod durch **Überdosis Kokain**
- **Auswahl bekannter Gedichte:** *Verfall* (1909), *Im Winter* (1910), *Grodek* (1914)

## Jakob van Hoddis

- * 16. Mai 1887 in Berlin; 30. April 1942 Deportation, † Todesdatum und -ort unbekannt
- jüdischer Abstammung; Zwillingsbruder bei Geburt gestorben; **schwieriges Verhältnis zum kokainabhängigen Vater**; sehr enge, romantisierte Beziehung zur Mutter
- 1905: Verlassen des Gymnasiums wegen **Problemen mit Autoritäten** → nachgeholtes Abitur
- 1906/07: **Architekturstudium**, nach Abbruch Studium der **Klassischen Philologie** in Jena und Berlin (1911: Zwangsexmatrikulation wegen Faulheit)
- 1909: Gründung des literarischen Zirkels **„Neuer Club"** in Berlin als Kritik am herkömmlichen Kulturbetrieb und zur **Förderung einer neuen, progressiven Kultur** → Organisation von literarischen Abenden
- 1911: Veröffentlichung des besonders bekannten Gedichts ***Weltende*** (gilt vielen als **Beginn der expressionistischen Lyrik**) → Veröffentlichung vieler weiterer Gedichte in expressionistischen Zeitschriften *Die Aktion* und *Der Sturm*
- 1912: Umzug nach München und Hinwendung zum Katholizismus; erste Hinweise auf beginnende **Schizophrenie** → ab 1912 immer wieder **Internierungen in Nervenheilanstalten**
- ab 1915 in ständiger ärztlicher Behandlung und privater Pflege → 1926: **Entmündigung** und ein Jahr später Einweisung in Privatklinik für Gemüts- und Nervenkranke
- 1933: Verlegung in „Israelitische Heil- und Pflegeanstalten" bei Koblenz, wo jüdische Psychiatriepatienten konzentriert wurden → April 1942: **Deportation nach Polen** und kurz darauf **Ermordung** (wahrscheinlich in einem der Vernichtungslager Sobibor, Chełmno oder Belzec)
- **Auswahl bekannter Gedichte:** *Weltende* (1911), *Nachtgesang* (1911), *Mittag* (1913)

## Auf einen Blick

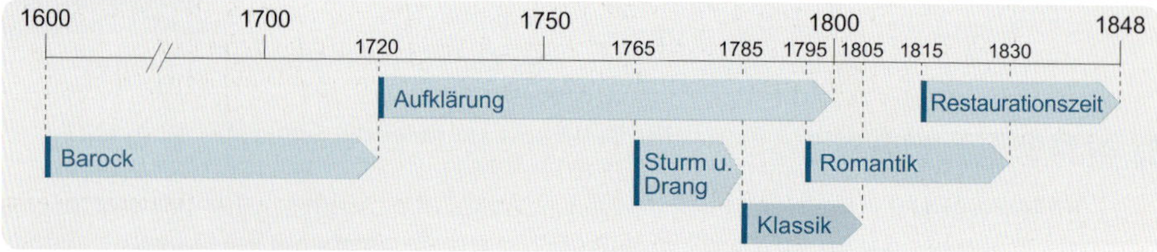


## Barock (ca. 1600–1720)

- **Hintergründe:** Entwicklung der modernen Wissenschaften; Aufblühen des Humanismus; Absolutismus mit extremen sozialen Spannungen; große Religiosität und Religionskonflikte; **Dreißigjähriger Krieg** mit verheerenden Auswirkungen
- **Vanitas** (lat. leerer Schein, Nichtigkeit, Eitelkeit) als Zentralmotiv → **Memento mori** (lat. Gedenke des Todes): Abkehr von der Welt / Konzentration auf das Jenseits oder **Carpe diem** (lat. Genieße den Tag): Genuss des flüchtigen Moments → Streben nach Ordnung in Form und Inhalt
- starkes Formbewusstsein, **Dominanz geregelter Formen** (z. B. **Sonett** mit Alexandriner, um antithetisches Denken auszudrücken); **Regelpoetik:** poetisches Schreiben ausgehend von Regeln
- Lyrik als dominierende Gattung, aber auch Drama (Tragödien mit mythologischen Stoffen) und Epik (v. a. Schäfer- und Schelmenroman)
- vorherrschende Themen: **Krieg**, **Tod**, **Vergänglichkeit**, Religion und Scheinwelt

## Aufklärung (ca. 1720–1800)

- **Hintergründe:** (aufgeklärter) Absolutismus; Säkularisierung und Deismus (rationaler Zugang zu Gott); Aufstieg des Bürgertums
- Orientierung an der menschlichen **Vernunft** → distanziertes Verhältnis zu Emotionen → **Empfindsamkeit** mit Aufwertung des Gefühls **als Gegenbewegung**
- **autonomes Individuum** mit Menschenrechten im Zentrum → **Toleranz** als zentraler Wert
- Themen: Ständekritik, Toleranz, Bildung, **Humanität**, **Erkenntnisfähigkeit** des Menschen
- Stilideal der Klarheit und Verständlichkeit
- **lehrhafte Kurzformen** der fiktionalen Literatur: Fabel, Parabel, Lehrgedicht, Epigramm, Ode und Fortsetzungsroman → Literatur soll nützlich sein

## Sturm und Drang (ca. 1765–1785)

- **Hintergründe:** große soziale Ungerechtigkeit; absolutistische Machtpolitik und Fürstenwillkür → Aufbegehren der jungen Generation
- **starker Subjektivismus** mit Mensch als erlebendem und empfindendem Subjekt im Mittelpunkt → **Gefühlskult und Aufbruchsstimmung**
- Aufwertung der Emotionalität als **Gegenbewegung zum Rationalismus der Aufklärung**
- jugendliche **Protestbewegung**, die Fürstenwillkür, soziale Ungleichheit, materielle Not und rigide Moralvorstellungen anprangert
- Autonomie des Künstlers und seines Kunstwerkes → **Geniekult**, **Schöpfergedanke**
- Abkehr von Regelpoetiken → **Leidenschaftlichkeit der Sprache:** Ausrufe, Hyperbeln, Metaphern, Kraftausdrücke und Neologismen

- Themen: **Herz**, Natur, Freundschaft, **Liebe, Freiheit**, politischer Widerstand, Gerechtigkeit
- **Erlebnislyrik:** Wiedergabe der unmittelbaren Empfindungen des lyrischen Ich in freien Rhythmen, reimlosen Versen und hohem Pathos, aber auch in Einfachheit des Volkslieds
- freiere Formen (z. B. offenes Drama), Briefroman zur Ausgestaltung individuellen Erlebens

## Klassik (ca. 1786 –1805)

- **Hintergründe:** Französische Revolution mit Terrorherrschaft; „Musenhof" unter Herzogin Anna Amalia in **Weimar** (Zusammenarbeit von **Goethe und Schiller**)
- Leitgedanken: **Harmonie**, Ausgleich der Gegensätze, **Würde**, **Humanität**, Toleranz, Selbstbestimmung, Beherrschung und Mäßigung (*Edle Einfalt, stille Größe*)
- **Ideal des Guten, Wahren und Schönen** → Forderung nach ethischer Vervollkommnung durch Orientierung an der Antike → **Erziehung des Menschen** als Aufgabe der Kunst
- überzeitliches **Humanitätsideal** → historische Umstände, Alltagssprache oder politisches Ideal spielen keine Rolle → Vorwurf an Klassik, bestehende Verhältnisse zu stützen
- Themen: Humanität, Freiheitsidee, Harmonie von Pflicht und Neigung
- Ideal der **Formstrenge:** harmonische Verbindung von Inhalt, Sprache und Aufbau
- Lyrik: klassische Formen (z. B. Elegien und Epigramme), Drama: metrisch gebundene Sprache, hoher Stil, geschlossene Form, historische/antike Stoffe, Epik: Bildungsroman

## Romantik (ca. 1795 –1830)

- **Hintergründe:** Französische Revolution mit Terrorherrschaft; zunehmendes Nationalbewusstsein durch Kriege gegen Napoleon
- Idee der Abhängigkeit des Menschen von einem Absoluten oder Unendlichen → Wiederannäherung an religiöse Denkformen → Poesie als Medium des Absoluten (**Universalpoesie**, in der alle Gattungen und Künste vereint sind) → Streben nach **Gesamtkunstwerk**
- Blick nach innen → **„Blaue Blume"** als Symbol für metaphysische **Sehnsucht nach dem Fernen und Unerreichbaren** sowie den eigentlichen Seinszusammenhängen
- Themen und Motive: Natur als Bereich des Unendlichen, **Sehnsucht, Traum, Wahnsinn**, Entgrenzung, Einsamkeit, Vergänglichkeit, Reisen, Wandern, Nacht, Fantastisches
- Idealisierung des Mittelalters und aufkommendes Nationalbewusstsein → Interesse an Volksdichtung, z. B. **Volkslied, Märchen** → leichte Verständlichkeit, Wohlklang, „musikalische" Sprache
- Anschreiben **gegen Philistertum und Bürgerlichkeit**
- **„romantische Ironie"**: Aufzeigen der Unerreichbarkeit des Absoluten durch Texte, die sich selbst und ihre Entstehungsbedingungen reflektieren oder kommentieren
- Roman als universale Form, in der Lyrik enthalten ist (kaum Dramen)

## Restaurationszeit (ca. 1815 –1848)

- Hintergründe: Wiener Kongress 1815 und Restaurationspolitik; **Märzrevolution** 1848 – zunehmende Einschränkung der Freiheit, Zensur → verschiedene Strömungen: **Biedermeier** (Resignation, Rückzug ins Private), **Vormärz** und **Junges Deutschland** (politisches Aufbegehren)
- rationale Haltung und Orientierung an Fakten → Abkehr von der Romantik
- Themen des Biedermeier: **Familie, Ordnung, Beschaulichkeit**, Idylle → **heile poetische Welt**
- Themen des Vormärz, des Jungen Deutschlands: **soziale und politische Missstände** → **Kampf gegen soziales Elend und Unterdrückung** als Aufgabe der Literatur
- Veröffentlichungen in Zeitungen und Zeitschriften → vorwiegend kleinere literarische Formen

## Auf einen Blick

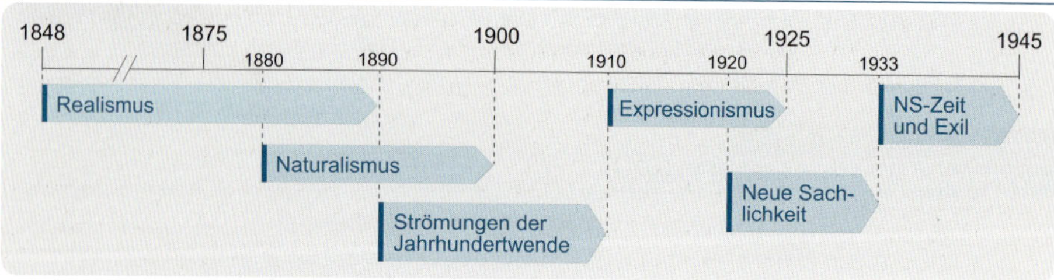


## Realismus (ca. 1848–1890)

- Hintergründe: Scheitern der Revolution von 1848; Gründung des Deutschen Kaiserreichs 1871 → preußischer Militarismus; Bürgertum als führende Schicht; Verschärfung der Sozialen Frage durch Industrialisierung; Verstädterung → **Orientierungslosigkeit** durch Verlust von Normen
- **„objektive“ Darstellung** der unmittelbaren Lebenswelt, aber **Ausklammerung des Hässlichen/Niederen** sowie der Sozialen Frage → **Poetisierung** der Wirklichkeit
- Bürgertum als tragende Schicht → Darstellung **bürgerlichen Milieus und Ideale,** aber auch **historische Stoffe** mit überzeitlichem Geltungsanspruch → Streben nach Nationalliteratur
- Themen: Liebe, Vergänglichkeit, Heimat, Naturerleben
- Entstehung eines Literaturmarktes → Verbreiterung der Leserschaft → **Unterhaltungsliteratur**
- Roman und Novelle als zentrale Gattungen; in der Lyrik v. a. Balladen
- Stil: gewählte, **neutrale Sprache; Humor und Ironie**

## Naturalismus (ca. 1880–1900)

- Hintergründe: **Milieutheorie = Mensch als Produkt der ihn umgebenden Verhältnisse:** Vererbung, Milieu, historische Umstände; **Industrialisierung und Proletarisierung** → Verschärfung der Sozialen Frage, Anwachsen der Großstädte zu Metropolen
- **radikalisierter, konsequenter Realismus** mit Wegfall der verklärenden Poetisierung → Blick auf **hässliche Wirklichkeit sozialen Elends** und Kritik an sozialen Verhältnissen
- „Kunst = Natur – X“ (A. Holz): **möglichst Entsprechung von Kunst und Natur**, Faktor X (Autor und seine Subjektivität) soll möglichst klein sein
- Themen: **Armenmilieus**, **Familienprobleme** unterer Schichten, **Doppelmoral**, **Großstadt**, dunkle und hässliche Seiten des Lebens, Kriminalität, Geisteskrankheit, Alkoholismus
- **sozialkritisches Drama** als bedeutendste Gattung
- präzises Beobachten, **Sekundenstil** (Erzählzeit = erzählter Zeit), natürliche Sprache (z. B. Dialekt)

## Strömungen der Jahrhundertwende (ca. 1890–1910)

- Hintergründe: Infragestellen der Selbstbestimmtheit des Menschen durch die **Psychoanalyse**; starrer Wilhelminismus → Entstehung eines grundlegenden **Krisenbewusstseins** → Strömungen des **Impressionismus und Symbolismus** als Weg nach innen mit quasireligiöser Aufladung
- Idee einer reinen, sich selbst genügenden Kunst („l'art pour l'art“) als **Gegenströmung zum Naturalismus** → **keine politische Funktion der Kunst**, sondern Flucht in eine Gegenwelt
- Träger: großbürgerliche Bohème, die sich in Kaffeehäusern selbst feiert
- **Impressionismus:** Wiedergabe eines subjektiven Sinneseindrucks mit höchster Intensität

- **Symbolismus:** Absolutheitsanspruch der Kunst, gegen Abbildungsfunktion der Kunst gerichtet
- Themen: **Abgrenzung zum naturalistischen Erfassen** der Realität, Besinnung auf das „Ich“, Individualität, Subjektivität, Sprache, Kultur, Vergänglichkeit
- kürzere, zum Teil auch experimentelle Formen; **symbolische Verdichtung**, **Verfeinerung der Sprache**, Auflösung traditioneller Formen, **Bewusstseinsstrom**, innerer Monolog, erlebte Rede

## Expressionismus (ca. 1910–1925)

- Hintergründe: **Verstädterung** und Anonymisierung, technischer Fortschritt, erstarrte wilhelminische Gesellschaft → verschärftes Krisenbewusstsein, **Sinnkrise**, Erster Weltkrieg
- Pathos des Aufbruchs und unbedingter Wille zum **Ausdruck des Erlebens**
- Bedrohung des Subjekts durch **Ich-Zerfall** → Darstellung des Körpers in Verfallszuständen
- pathetische **Beschwörung eines neuen Menschen**, der Liebe und Verbrüderung lebt (**„O-Mensch!“-Expressionismus**)
- **Großstadt** (v. a. Berlin) als Ort der Reizüberflutung, Orientierungslosigkeit und Anonymität
- Erfahrung der Verhältnisse des Kaiserreichs als verkrustet → **Kriegsbegeisterung** bei einigen Autoren – nach Kriegserfahrung häufig **Pazifismus** und Verarbeitung der Erlebnisse
- Themen: Lebens- und Vitalkult, **Krieg** und Pazifismus, **Weltende und Apokalypse**, Krise des Ich, Tabus (Ästhetik des Hässlichen: Geisteskrankheit, Prostitution, Verbrechen), **Großstadt**
- **Lyrik** als präsenteste Gattung → **Reihungsstil**, elliptische Konstruktionen, Neologismen, Farbmetaphorik, Auflösung syntaktischer Regeln, Verdinglichung
- Dramatik: **Stationendrama** (lose Szenenfolge), **Wandlungsdrama** (Wandlung eines Einzelnen)

## Neue Sachlichkeit (ca. 1920–1933)

- Hintergründe: von vielen abgelehnte Weimarer Republik; wirtschaftliche Schwierigkeiten aufgrund von Reparationslasten; „Goldene Zwanziger“ mit kultureller Vielfalt
- dezidierte **Abkehr vom Expressionismus** und Hinwendung zur **Lebensrealität** mit ihren sozialen und wirtschaftlichen Verhältnissen und zum **sachlich-nüchternen Schreiben**
- Bewusstsein von Desillusionierung und Übergang in eine neue Zeit (Schwellenzeit-Gefühl)
- Themen: Großstadt, Verarbeitung des Kriegs, **Probleme der „kleinen Leute“**, Alltagsleben
- **Gesellschafts- und Zeitromane**, Dokumentartheater und **Episches Theater**
- Mischung von **journalistischen, dokumentarischen und literarischen Anteilen** → kühl-distanzierte, **einfache, verständliche Sprache**

## NS-Zeit und Exil (1933–1945)

- Hintergründe: **nationalsozialistische Herrschaft** mit totalitärer Durchdringung des gesamten Lebens → „**Gleichschaltung**“ der Kunst und Literatur durch Bücherverbrennung, Verfolgung und Zensur; **Zweiter Weltkrieg**, Erfahrung des Exils → Freitod zahlreicher Autoren
- **NS-Literatur:** regimekonform; **Gestaltung ideologischer Motive** wie Rasse, Führertum, Deutschtum, Kampf, Gewalt, Blut-und-Boden-Ideologie → stereotype Metaphern
- **innere Emigration: getarntes Schreiben** als geistige Opposition gegen Ungeist des NS-Regimes → gehobene, oft verschlüsselte Sprache; Schreiben in europäisch-humanistischer Tradition
- **Exilliteratur:** Humanität, Opposition zur NS-Ideologie, Zeigen des „anderen“ Deutschlands
- Roman vorherrschende Gattung (Reflexion der eigenen Situation), Drama nur Nebenrolle (Ausnahme: Bertolt Brecht), Verarbeitung der emotionalen Situation in der Lyrik
- Abkehr vom Stil des Expressionismus → Bevorzugung traditioneller Formen

## Auf einen Blick

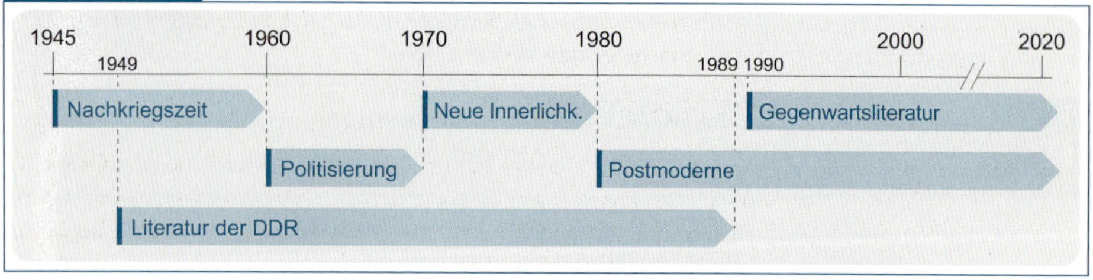


## Literatur der Nachkriegszeit und des Wiederaufbaus (1945 – ca. 1960)

- Hintergründe: Ende des Zweiten Weltkriegs; **Welt in Trümmern**; „Stunde Null"; Aufteilung Deutschlands in vier Besatzungszonen; **Wiederaufbau**; Gründung der Bundesrepublik und der DDR; „Kalter Krieg"; Wirtschaftswunder; Scham, Schuld, Verdrängung angesichts der NS-Zeit
- **„Trümmerliteratur":** Betonung der Traumatisierung durch Krieg und Zerstörung
- **„Literatur des Kahlschlags":** Betonung des Neubeginns wegen Belastung der Sprache durch Missbrauch im NS-System → Frage, inwieweit Dichtung nach NS-Verbrechen noch möglich ist
- Themen: Schrecken des Kriegs, **Heimkehr**, Orientierungslosigkeit, Schuld, Scham, Klage und Anklage, Versuch der **Aufarbeitung der Vergangenheit**
- Aufkommen der **Kurzgeschichte**, zeitkritische Dramen, oft hermetische Lyrik mit schwer verständlichen Chiffren oder konkrete Poesie als sprachexperimentelle Lyrik
- Stilideal der **Nüchternheit**, Verzicht auf Pathos → **schmucklos-karge Sprache**, indirekte Ausdrucksformen (Parabeln, Chiffren, Gleichnisse)

## Politisierung der Literatur (1960er-Jahre)

- Hintergründe: existenzielle Bedrohung durch „Kalten Krieg" → **Angst vor einem Atomkrieg**; Vietnamkrieg → Distanzierung von den USA; Große Koalition → Entstehung der **APO** → **68er-Bewegung** als Protestbewegung mit antiautoritären und pazifistischen Zielen
- Diskussionen über Verhältnis von Literatur und Politik → Gesellschafts- und Zeitkritik als Aufgabe der Literatur → **Politisierung der Literatur**
- Themen: **gesellschaftspolitische und soziale Probleme**, **Kritik an Verdrängung der NS-Vergangenheit**, Frage nach Rolle der Eltern im NS-Staat, deutsche Teilung
- politischer Zeitroman, **Dokumentartheater**, **politische Lyrik** und experimentelle Gedichte
- Forderung von Verständlichkeit und Abkehr von jeglichen Ideologien → teilweise Auflösung der Grenzen zwischen literarischen und nicht-literarischen Formen

## Neue Innerlichkeit/Neue Subjektivität (1970er-Jahre)

- Hintergründe: Rückzug vom Politischen vs. Radikalisierung (**RAF**-Terror); Entstehung der **Frauenbewegung**; Entspannung im Ost-West-Konflikt (Ostpolitik Brandts, KSZE-Schlussakte)
- **Resignation und Identitätssuche** → Aufwertung des Individuums und seiner Subjektivität → **Neue Subjektivität/Neue Innerlichkeit:** Gestaltung subjektiver Wirklichkeit und Verarbeitung innerer Erfahrung → Tendenz zu **autobiografischer Bekenntnisliteratur**
- gesellschaftskritische **feministische Literatur** mit Infragestellung traditioneller Rollenbilder
- Themen: **Selbstfindung**, **Selbsterfahrung und Innenschau**, Alltag und Beziehungen, Erleben des Einzelnen im Spannungsfeld zur Gesellschaft, Gewaltstrukturen im Geschlechterverhältnis

- Lyrik und Epik als bevorzugte Gattungen zur Darstellung von Innerlichkeit
- Streben nach **Authentizität:** Tendenz zu sprachlicher Kunstlosigkeit und Umgangssprache, zugleich emotionale und subjektive Sprache

## Postmoderne (Strömung der 1980er-Jahre bis heute)

- Hintergründe: **Ökologie** als neues Thema in der Politik; allmähliche Liberalisierung des Ostblocks durch Gorbatschow; atomare, ökologische, soziale Katastrophen → neues **Krisenbewusstsein**
- zunehmende **Vielgestaltigkeit der Literatur** und Fortwirken der Tendenzen der 1970er-Jahre
- Nebeneinander verschiedener „Literaturen": Jugendliteratur, Trivialliteratur, experimentelle Literatur, gesellschaftskritische Literatur
- Annahme der Beliebigkeit von Wirklichkeit → **Infragestellen von Ideologien und Werten**
- **Konstruktivismus:** Wahrheit als gesellschaftliches Konstrukt → Pluralität von Sinnentwürfen
- Aufwertung der **Unterhaltsamkeit von Literatur** → Öffnung hin zu „Trivialgattungen" wie Schauerroman oder Kriminalroman
- Roman als bevorzugte Gattung → zahlreiche **intertextuelle Bezüge**
- Nebeneinander und **Montage verschiedener Stile und Formen**, Vorliebe für **Ironie**

## Literatur der DDR (1950–1989)

- Hintergründe: Gründung der **DDR** als Teil des totalitär regierten, sozialistischen Machtblocks unter der Herrschaft der Sowjetunion; Abschottung gegenüber dem Westen; **Stasi** → Kontrolle und **Zensur**; ab 1985 Stärkung der Bürgerrechtsbewegung; 1989 friedliche Revolution/Mauerfall
- staatlich verordnete Strömung des **Sozialistischen Realismus:** antifaschistisch, antikapitalistisch, arbeiternah → Ideal des selbstlosen und leistungsbereiten Arbeiters für das Gemeinwohl
- staatlich verordnete **Aufbauliteratur** der 1950er-Jahre: Überlegenheit des Sozialismus gegenüber Faschismus/Imperialismus
- **„Bitterfelder Weg":** Arbeiter als Schriftsteller und Schriftsteller als Arbeiter → **Idealisierung des Arbeiters** in der Literatur
- staatlich kontrollierte **Ankunftsliteratur** der 1960er-Jahre: Einrichten im Sozialismus
- **nicht systemkonforme Literatur:** subversive Aussagen, die durch Anspielungen, Verschlüsselungen und Verlegungen des Stoffs in den Mythos an Zensur vorbeikommen
- Epik und Lyrik als zentrale Gattungen; Liedtexte als kritische Ausdrucksform

## Tendenzen der Gegenwartsliteratur (1990–heute)

- Hintergründe: Wiedervereinigung 1990; Vormarsch **digitaler Massenmedien** (Internet, Smartphones, E-Books, soziale Netzwerke); islamistische Terroranschläge und Kampf gegen den Terror; **Globalisierung**; Flüchtlingsproblematik; Umgang mit Daten
- **Pluralismus:** gleichberechtigtes Nebeneinander verschiedener Menschenbilder und Kulturen → Herausforderung für Literatur, komplexer werdende Welt zu verarbeiten
- **Vermarktbarkeit** als zentrales Kriterium für Literatur → zunehmende Produktion von **Unterhaltungsliteratur** bzw. von Übersetzungen aus dem Ausland
- Themen: **Identität des Einzelnen** in globalisierter Welt, Auseinandersetzung mit DDR (**Wendeliteratur**), provokante Selbstinszenierung junger Schriftsteller und Aufgreifen von Alltagsthemen (**Popliteratur**), Fremdheitserfahrung (**interkulturelle Literatur**), biografisches Schreiben
- Roman als vorherrschende Textform
- facettenreiche Sprache, die z. T. an Ausdruckskraft verliert (→ Ausrichtung auf breites Publikum)

## Sachtexte

### Essay

- geistreiche und sprachlich anspruchsvolle Abhandlung zu einem Thema aus z. B. Wissenschaft, Politik, Gesellschaft, Literatur, Religion (auch: Gedankenspaziergang vor den Augen des Lesers)
- ausgehend von konkreter Fragestellung werden in freier, oft unsystematischer Form Pro- und Kontrapositionen rhetorisch geschickt dargestellt, wobei persönliche Ansichten und Erlebnisse im Vordergrund stehen können
- gekennzeichnet durch Leichtigkeit, Unbefangenheit und stilistische Virtuosität, oft Verzicht auf objektive Nachweise und definitive Antworten

### Glosse

- zugespitzte, wertende Anmerkung zu tagesaktuellem Thema mit abschließender Pointe
- satirische Form des Kommentars, oft zahlreiche rhetorische Mittel (z. B. Hyperbel, Ironie)

### Interview

- Wiedergabe eines Frage-Antwort-Gesprächs zwischen Journalist und einer oder mehreren Personen (meist des öffentlichen Lebens, d. h. aus Film/Fernsehen, Politik, Sport usw.)
- Ziel ist z. B. Klärung eines strittigen Sachverhalts, Vorstellung einer Person, Meinungsäußerung

### Kommentar

- subjektiv wertender Meinungsbeitrag zu aktuellem bzw. allgemein bekanntem Thema
- Autor (immer namentlich genannt) legt persönlichen Standpunkt sprachlich geschickt dar, versucht Leser argumentativ zu überzeugen, teils ironisch-spöttischer Stil
- beginnt meist mit Hintergrunderläuterungen zum Thema und endet mit Fazit bzw. Appell

### Rede

- öffentlicher Vortrag (basierend auf schriftlichem Konzept) zu einem gesellschaftlichen, privaten oder geschäftlichen Thema, oft mit dem Ziel, Zuhörer von den eigenen Ansichten zu überzeugen
- geschickter Einsatz rhetorischer Mittel und Adressatenbezug durch direkte Ansprache

### Rezension

- anschaulich und präzise formulierte Zusammenfassung und persönliche Bewertung eines Buchs, einer Theaterinszenierung oder eines Films
- Ziel: Leser informieren und ggf. Empfehlung abgeben

## Epik

### Fabel

- unterhaltsame Erzählung von geringem Umfang mit lehrhafter Schlusspointe
- die Handelnden sind Tiere, die für menschliche Eigenschaften stehen (z. B. Biber → Fleiß)
- endet in der Regel mit „Moral“ = Lehre für den Menschen

### Kurzgeschichte

- Geschichte, die in einem Zug zu lesen ist (< 20 Seiten)
- handelt meist von alltäglichen Begebenheiten, die eine überraschende Wendung nehmen
- wenige Figuren, oftmals „Typen“ (keine Namen, übertragbar)
- in der Regel nur ein Handlungsstrang, umfasst relativ kurze Zeitspanne, kein Ortswechsel
- beginnt mit unmittelbarem Einstieg, keine Vorstellung der Figuren, rascher Handlungsverlauf (→ Höhepunkt), endet offen (d. h. mehrere Ausgänge der Handlung denkbar)

### Märchen

- Ort und Zeit unbestimmt, formelhafte Sprache *(Es war einmal …)*
- Figuren / Verhalten in „gut“ und „böse“ einteilbar, das Gute gewinnt → belehrender Charakter
- Gegenstände und Figuren aus mittelalterlicher Gesellschaft *(Königssohn)* oder magischer Welt *(Zauberspiegel)*, übernatürliches Geschehen *(Hexerei)*, oft magische Zahlen (3, 7, 12)

### Novelle

- Erzählung mittlerer Länge, in deren Mittelpunkt ein außergewöhnliches Ereignis steht
- Handlung in der Regel einsträngig mit Höhe-/Wendepunkt und geschlossenem Ende
- oft Leitmotive oder wiederkehrende Dingsymbole, Einfluss des Zufalls auf Schicksal der Figuren

### Roman

- Erzählung von großem Umfang mit zahlreichen komplexen Figuren und Handlungsverläufen
- oft psychologisch ausgestaltete Hauptfigur
- zahlreiche Genres: Kriminalroman, Liebesroman, Abenteuerroman, Fantasyroman usw.

## Dramatik

### Komödie

- unterhaltsames, humorvolles Theaterstück, oftmals mit klassischem Aufbau (fünf Akte)
- Protagonisten geraten aufgrund ihrer Schwächen in Konflikt, der sich immer weiter verschärft
- endet mit glücklicher Auflösung des Konflikts, in der Regel gewinnen die „Guten“

### Tragödie

- tragisches, emotional bewegendes Theaterstück, oft mit klassischem Aufbau (fünf Akte)
- Protagonisten geraten durch schicksalhafte Fügungen (z. B. Verlieben in die „falsche Person“) oder menschliche Fehltritte in schwerwiegenden Konflikt
- endet meist mit dem dramatischen Tod des Helden/der Heldin und weiterer Figuren

## Lyrik

### Ballade

- Gedicht, in dem auf anschauliche, lebendige Weise eine Geschichte erzählt wird (Erzählgedicht)
- formal: Strophen, Verse, Reime, Metrum; sprachlich: oft wörtliche Rede; inhaltlich: spannender Handlungsverlauf (Themen: z. B. Liebe, Heldentaten) → vereint Lyrik, Epik und Dramatik

### Lied

- sangbares Gedicht mit durchgängig der gleichen Strophenform (meist Übereinstimmung der Strophe mit einem Satz)
- alternierende Verse mit Kreuz- oder Paarreim und schlichte, gut verständliche Sprache
- oft unmittelbarer Ausdruck lyrischer Empfindungen bzw. individuellen Erlebens → besondere Beliebtheit in der Romantik

### Sonett

- sprachlich und formal kunstvoll gestaltetes Gedicht
- in der Regel strenger Aufbau: zwei Quartette (Strophen aus vier Versen) gefolgt von zwei Terzetten (Strophen aus drei Versen)
- häufig inhaltlicher Gegensatz zwischen Quartetten und Terzetten, letzte Verse oft wie Pointe

| Stilmittel | Beispiel |
|---|---|
| **Akkumulation:** Anhäufung von Wörtern ohne Nennung eines Oberbegriffs | *Sonne, Mond und Sterne* |
| **Allegorie:** systematisierte Metapher, die durch Reflexion erschließbar ist | *Justitia (Gerechtigkeit)* |
| **Alliteration:** aufeinanderfolgende Wörter mit gleichem Anlaut | *wunderbare Welt, Kind und Kegel, zehn zahme Ziegen* |
| **Allusion:** Anspielung | *Du weißt, was ich meine.* |
| **Anapher:** gleicher Anfang aufeinanderfolgender Sätze / Verse | *Gehe nach Hause. Gehe dorthin, so schnell du kannst.* |
| **Anrede:** Hinwendung an den Adressaten | *Meine Damen und Herren, …* |
| **Antithese:** einander entgegengestellte Begriffe, Bedeutungen oder Gedanken | *Ruhe auf dem Land, Lärm in der Stadt, Himmel und Hölle* |
| **Aphorismus:** knapp formulierter Sinnspruch | *Die Zeit heilt alle Wunden.* |
| **Archaismus:** veralteter sprachlicher Ausdruck | *Seid gegrüßt, holde Maid!* |
| **Assonanz:** vokalischer Gleichklang | *sobald, Obacht, Wohlklang* |
| **Asyndeton:** Reihung ohne Konjunktionen | *Er kam, sah, siegte.* |
| **Chiasmus:** Überkreuzstellung | *Der Einsatz war groß, klein war der Gewinn.* |
| **Chiffre:** Zeichen, dessen Inhalt rätselhaft und letztlich nicht zu erfassen ist | *Purpurne Seuche, Hunger, der grüne Augen zerbricht.* |
| **Diminutiv:** Verkleinerungsform | *Blümlein, Mäuschen* |
| **Ellipse:** unvollständiger Satz, fehlende Satzteile | *Je früher, desto besser.* |
| **Enjambement:** Satz greift auf nächsten Vers über | *Die Wolken fliegen / über das weite Land.* |
| **Epipher:** gleiches Ende aufeinanderfolgender Sätze / Verse | *Alle lieben den Hund. Die Nachbarn reden nur noch über diesen struppigen Hund.* |
| **Euphemismus:** beschönigende Umschreibung, Untertreibung | *Wir müssen Personal abbauen.* (anstatt: *Wir müssen unseren Mitarbeitern kündigen.*) |
| **Exclamatio:** Ausruf | *Hoch soll er leben!* |
| **Geminatio:** unmittelbare Wiederholung eines Wortes oder Satzteils | *Geh, geh!* |
| **Hyperbel:** sehr starke Übertreibung | *Ich warte hier schon drei Millionen Jahre auf dich.* |
| **Inversion:** Abweichung von normaler Satzstellung | *Am Straßenrand eine seltene Pflanze ich sah.* |
| **Ironie:** versteckter Spott, gemeint ist das Gegenteil von dem, was geschrieben bzw. gesagt wird | *Du bist mir ja ein Superhirn!* (anstatt: *Das war dämlich von dir.*) |

| Stilmittel | Beispiel |
|---|---|
| **Klimax:** (meist dreischrittige) Steigerung | *Sie kicherten, lachten, grölten.* |
| **Lautmalerei:** Nachahmung eines (Natur-)Lautes | *Klingeling, Kikeriki, Ticktack* |
| **Litotes:** Bejahung durch doppelte Verneinung | *Die Schüler sind nicht unwillig.* |
| **Metapher:** bildhafter Ausdruck mit übertragener Bedeutung, Vergleich ohne Vergleichspartikel | *Du bist die Sonne meines Lebens. Dein Haar ist flüssiges Gold. Wir stehen am Fuß des Berges.* |
| **Metonymie:** Verwendung eines Ausdrucks in übertragener Bedeutung (Gesagtes und Gemeintes stammen aus demselben Wirklichkeitsbereich) | *Deutschland jubelt, Kafka lesen, eine Tasse trinken* |
| **Neologismus:** Wortneuschöpfung | *Himmelsengelsstimme* |
| **Oxymoron:** Kombination aus Wörtern, die sich widersprechen | *bittersüß, alter Knabe, Hallenfreibad, Eile mit Weile* |
| **Paradoxon:** inhaltlich unlogische und widersinnige Aussage, meist in Form eines ganzen Satzes | *Der Schmerz des Verlusts erfüllte sein Herz mit Freude.* |
| **Parallelismus:** aufeinanderfolgende Sätze oder Satzteile mit gleichem Satzbau | *Nina traf Nils im Park. Max besuchte Tatjana im Café.* |
| **Parenthese:** Einschub | *Dieses Buch – ich möchte ehrlich sein – hat mir nicht gefallen.* |
| **Periphrase:** Umschreibung eines Begriffs | *„der Gefallene“* für *„Sünder“* |
| **Personifikation:** Gegenständen oder abstrakten Begriffen werden menschliche Fähigkeiten / Eigenschaften zugeschrieben | *Der Wind spielte mit ihrem Haar und streichelte ihre Wange.* |
| **Pleonasmus:** Häufung sinngleicher Wörter | *Sie ist brav, nett, lieb.* |
| **Polysyndeton:** Verbindung zwischen Wörtern und Satzteilen durch mehrmalige Wiederholung derselben Konjunktion | *Und es wallet und siedet und brauset und zischt.* |
| **Rhetorische Frage:** Scheinfrage, erwartet keine Antwort | *Wer hat noch nie einen Fehler gemacht? Hast du vollkommen den Verstand verloren?* |
| **Symbol:** Sinnbild, das für Abstraktes steht | *rote Rose* (für Liebe), *weiße Taube* (für Frieden) |
| **Synästhesie:** Vermischung von Sinnesgebieten | *goldene Töne* |
| **Synekdoche:** Ein Teil steht für das Ganze (auch Pars pro toto) oder das Ganze steht für einen Teil (auch Totum pro parte). | *ein Dach über dem Kopf haben, eine Bibliothek lesen* |
| **Vergleich:** bildhafter Ausdruck, durch Vergleichswort (*wie, als*) mit Gemeintem verknüpft | *Sie ist leicht wie eine Feder, er ist schwer wie ein Elefant.* |

## Detlev von Liliencron: Die Musik kommt (1883)

Klingling, bumbum und tschingdada,
Zieht im Triumph der Perserschah?
Und um die Ecke brausend bricht's
Wie Tubaton des Weltgerichts,
Voran der Schellenträger.

Brumbrum, das große Bombardon,
Der Beckenschlag, das Helikon,
Die Piccolo, der Zinkenist[1],
Die Türkentrommel, der Flötist,
Und dann der Herre Hauptmann.

Der Hauptmann naht mit stolzem Sinn,
Die Schuppenketten unterm Kinn,
Die Schärpe ziert den schlanken Leib,
Beim Zeus! Das ist kein Zeitvertreib!
Und dann die Herren Leutnants.

Zwei Leutnants, rosenrot und braun,
Die Fahne schützen sie als Zaun;
Die Fahne kommt, den Hut nimm ab,
Der bleiben treu wir bis ins Grab!
Und dann die Grenadiere.

Der Grenadier im strammen Tritt,
Im Schritt und Tritt und Tritt und Schritt,
Das stampft und dröhnt und klappt und flirrt,
Laternenglas und Fenster klirrt.
Und dann die kleinen Mädchen.

Die Mädchen alle, Kopf an Kopf,
Das Auge blau und blond der Zopf,
Aus Tür und Tor und Hof und Haus
Schaut Mine, Trine, Stine aus.
Vorbei ist die Musike.

Klingling, tschingtsching und Paukenkrach,
Noch aus der Ferne tönt es schwach,
Ganz leise, bumbumbumbum tsching;
Zog da ein bunter Schmetterling,
Tschingtsching, bum, um die Ecke?

*Aus: Rupert Hirschenauer und Albrecht Weber (Hrsg.): Wege zum Gedicht. München und Zürich, S. 261 f.*

### Erläuterung

1 Bombardon, Helikon, Piccolo, Zink: Blechblasinstrumente, die in Militärkapellen gespielt werden

## Arno Holz: Ein Andres (1886)

Fünf wurmzernagte Stiegen geht's hinauf
Ins letzte Stockwerk einer Miethskaserne;
Hier hält der Nordwind sich am liebsten auf
Und durch das Dachwerk schaun des Himmels Sterne.
Was sie erspähn, o, es ist grad genug,
Um mit dem Elend brüderlich zu weinen:
Ein Stückchen Schwarzbrod und ein Wasserkrug,
Ein Werktisch und ein Schemel mit drei Beinen.

Das Fenster ist vernagelt durch ein Brett
Und doch durchpfeift der Wind es hin und wieder,
Und dort auf jenem strohgestopften Bett
Liegt fieberkrank ein junges Weib danieder.
Drei kleine Kinder stehn um sie herum,
Die stieren Blicks an ihren Zügen hangen,
Vor vielem Weinen ward ihr Mündlein stumm
Und keine Thräne mehr netzt ihre Wangen.

Ein Stümpfchen Talglicht giebt nur trüben Schein,
Doch horch, es klopft, was mag das nur bedeuten?
Es klopft und durch die Thür tritt nun herein
Ein junger Herr, geführt von Nachbarsleuten.
Der Armenhilfsarzt ist's aus dem Revier,
Den sie geholt aus Mitleid mit der Kranken,
Indeß ihr Mann bei Branntwein oder Bier
Sich selbst betäubt und seine Wuthgedanken.

Der junge Doctor aber nimmt das Licht
Und tritt mit ihm ans Bett des armen Weibes,
Doch gelb wie Wachs und spitz ist ihr Gesicht
Und kalt und starr die Glieder ihres Leibes.
Da schluchzt sein Herz, indeß das Licht verkohlt,
Von nie gekannter Wehmut überschlichen:
Weint, Kinder, weint! ich bin zu spät geholt,
Denn eure Mutter ist bereits – verblichen.

*Aus: Jürgen Schutte / Peter Sprengel (Hrsg.): Die Berliner Moderne 1885–1914. Ditzingen: Reclam, S. 260.*

## Stefan George: Im Unterreich (1892)

Mein garten bedarf nicht luft und nicht wärme.
Der garten den ich mir selber erbaut
und seiner vögel leblose schwärme
Haben noch nie einen frühling geschaut.

Von kohle die stämme. von kohle die äste
Und düstere felder am düsteren rain[1].
Der früchte nimmer gebrochene läste[2]
Glänzen wie lava im pinien-hain.

Ein grauer schein aus verborgener höhle
Verrät nicht wann morgen wann abend naht
Und staubige dünste der mandel-öle
Schweben auf beeten und anger[3] und saat.

Wie zeug ich dich aber im heiligtume
– So fragt ich wenn ich es sinnend durchmaß
In kühnen gespinsten der sorge vergaß –
Dunkle große schwarze blume

*Aus: Stefan George: Werke. Ausgabe in vier Bänden; Bd. I. München 1983, S. 49.*
*Die weitgehende Kleinschreibung und das Fehlen von Kommas sind typisch für die Lyrik von Stefan George.*

### Erläuterungen

1 Rain: seltene Bezeichnung für Ackergrenze
2 Läste: ungewöhnlich für Lasten
3 Anger: grasbewachsenes Land

## Rainer Maria Rilke: Das Karussell Jardin du Luxembourg (1906)

Mit einem Dach und seinem Schatten dreht
sich eine kleine Weile der Bestand
von bunten Pferden, alle aus dem Land,
das lange zögert, eh es untergeht.
Zwar manche sind an Wagen angespannt,
doch alle haben Mut in ihren Mienen;
ein böser roter Löwe geht mit ihnen
und dann und wann ein weißer Elefant.

Sogar ein Hirsch ist da, ganz wie im Wald,
nur daß er einen Sattel trägt und drüber
ein kleines blaues Mädchen aufgeschnallt.

Und auf dem Löwen reitet weiß ein Junge
und hält sich mit der kleinen heißen Hand,
dieweil der Löwe Zähne zeigt und Zunge.

Und dann und wann ein weißer Elefant.

Und auf den Pferden kommen sie vorüber,
auch Mädchen, helle, diesem Pferdesprunge
fast schon entwachsen; mitten in dem Schwunge
schauen sie auf, irgendwohin, herüber –

Und dann und wann ein weißer Elefant.

Und das geht hin und eilt sich, daß es endet,
und kreist und dreht sich nur und hat kein Ziel.
Ein Rot, ein Grün, ein Grau vorbeigesendet,
ein kleines kaum begonnenes Profil –.
Und manchesmal ein Lächeln, hergewendet,
ein seliges, das blendet und verschwendet
an dieses atemlose blinde Spiel …

*Aus: Rainer Maria Rilke: Werke, Kommentierte Ausgabe, hrsg. von Manfred Engel u. a., Bd. 1: Gedichte 1895 bis 1910. Frankfurt a. M., Leipzig 1996, S. 490 f.*